国际商务单证项目教程

刘 慧 杨志学 徐 兰 王 鹏/编著

清华大学出版社
北 京

内容简介

本书共 12 章，围绕一个真实的企业项目进行展开，将该项目分解成若干个任务，按照真实的外贸业务流程进行编排，强调“做中学”。书中提供了两套完整的项目综合实训题，便于学生对所学的知识从整体上进行掌握。

本书邀请了企业专家把关，紧跟外贸业务发展的步伐，是编者多年教学经验的总结和精华。本书适合作为高职高专经济贸易类及商务英语类的教材，也适合初学者学习使用。

图书在版编目（CIP）数据

国际商务单证项目教程/刘慧等编著. —北京：清华大学出版社，2017
银领精品系列教材
ISBN 978-7-302-46167-8

I. ①国… II. ①刘… III. ①国际贸易-票据-教材 IV. ①F740.44

中国版本图书馆 CIP 数据核字（2017）第 020016 号

责任编辑：苏明芳
封面设计：康飞龙
版式设计：魏 远
责任校对：王 云
责任印制：沈 露

出版发行：清华大学出版社
网 址：http://www.tup.com.cn，http://www.wqbook.com
地 址：北京清华大学学研大厦 A 座 邮 编：100084
社 总 机：010-62770175 邮 购：010-62786544
投稿与读者服务：010-62776969，c-service@tup.tsinghua.edu.cn
质量反馈：010-62772015，zhiliang@tup.tsinghua.edu.cn
印 装 者：北京密云胶印厂
经 销：全国新华书店
开 本：185mm×230mm 印 张：13.5 字 数：286 千字
版 次：2017 年 4 月第 1 版 印 次：2017 年 4 月第 1 次印刷
印 数：1～2500
定 价：33.80 元

产品编号：071289-01

前　言

在经济全球化的大趋势之下，任何一个国家的发展都离不开国与国之间的贸易。由于国际贸易涉及的流程比国内贸易要复杂，手续相对多，交易中离不开外贸单据的支撑，掌握外贸单据的制作要点以及外贸业务流程是从事国际贸易工作必备的基本技能。因此，掌握外贸业务流程及关键环节，能够审核信用证并正确制作全套外贸业务单据，是学习这门课程的目的和任务。

本节是广东省高等职业教育精品在线开放课程“国际商务单证”的配套教材。编者在编写本书时，主要以培养职业能力为宗旨，以真实的外贸公司及外贸业务合同、信用证为背景，以进出口贸易业务流程中各种单据的制作为主线，强调以项目为载体，将整个外贸业务流程分成若干个任务，将相关知识点融入其中，在完成项目的过程中掌握单证的制作、审核要点，掌握租船订舱及保险、报检、报关相关手续的办理。

全书共分 12 章。课前导入部分是对本课程的整体设计，让学生了解公司的情况及课程内容设计的整体情况；第 1 章是对目前国际贸易单据种类和制作单证员工作基本的认知；第 2 章是关于信用证；后面各章分别按照外贸业务流程来设计。第 8、10 章分别是课外综合实训项目，通过引导学生“做中学”来巩固前期所学的全部内容，强化学生技能。

本书的编写强调“简单、易懂”，用最精练的语言描述相关理论知识，用样单来举例，帮助学生掌握单据制作的技巧。

“国际商务单证”课程是国际经济与贸易、商务英语等贸易类专业的专业核心课，也是专业技能课，实操性强，学习难度相对较大，建议一学期学时为 68 课时。本书的重点章节是 3～8 章，其中第 3、4、7 章难度相对较大，需要分配相对多的课时，帮助学生掌握。

本书由刘慧、杨志学、徐兰、王鹏编著，具体分工如下：刘慧编写了 1、3、5、6、7、9 章，杨志学编写了第 2、8、10 章，徐兰编写了第 4 章及课后练习题的完善，王鹏负责该精品课程网站资料的维护工作。此外，姚雪松、付佳、莫天宇也参与了本书的编写工作。魏斌为项目的设计提供了大量的原始材料及参考意见，对于本书整体设计提供了大量的企业界的建议。全书由王婉君主审，由刘慧统一定稿。

在本书的编写过程中，参考了诸多同类教材及相关资料，除参考文献中列出的以外，还有许多文献无法一一列出，在此谨向所有文献的作者表示衷心的感谢。

由于水平有限，不足之处在所难免，恳请广大读者批评指正。

编　者

目　　录

课前导入：课程介绍及单证员岗位描述

0.1 课 程 介 绍

0.1.1 课程定位

“国际商务单证项目”课程面向的主要工作岗位是外贸单证员和外贸业务员。因此，该课程主要涉及国际贸易专业和商务英语专业，实际操作性强，是从事外贸相关工作必备的技能课程。

通过本课程的学习，学生能用所学的国际贸易实务、国际商务单证知识，根据《跟单信用证统一惯例》（简称 UCP600）制作并审核外贸业务中全套单证，负责合同的履行，督促办理外贸业务的整个流程。同时，通过课堂教学方法的设计，培养学生团队合作的精神，以及良好的分析问题的能力，提高表达、沟通能力。

0.1.2 课程目标

1. 课程总体目标

让学生掌握整个外贸流程，并能够制作全套外贸单据，能够独立地审核信用证，能够审核并更正全套单据，能够顺利交单结汇；提高学生的实际操作能力，以及国际商务单证员考证的通过率；培养学生严谨的思维及认真、负责的工作态度。

2. 能力目标

（1）能用所学的信用证审核的知识审核信用证。

（2）能根据制作单证的基本要求及技巧缮制全套单据。

（3）能用所学的知识对单据进行审核。

（4）能按照信用证的要求，按时提交全套单据，并结汇。

3. 知识目标

（1）了解单据的基本分类。

（2）理解单据制作的基本要求。

（3）掌握信用证的审核技巧。

（4）掌握单据的制作及审核技巧。

4．基本素质目标

培养学生高度的责任心及团队合作的精神；培养学生的沟通及协调能力；培养学生独立解决问题的能力；培养学生严谨的工作态度。

0.1.3　课程分组要求

根据项目化课程教学的要求，教师和学生通过角色扮演完成整个项目。教师担任外贸业务部经理，学生 5 人为一组，选出一名作为外贸业务部科长，另外 4 名作为外贸业务部单证员。小组以抽签的方式确定（实际工作中团队并不是自己能选择的，随机的方式与实际更相符，同时也能锻炼学生与他人相处的能力）。小组一旦确定，不能随意变更。

教师：外贸业务部经理，负责外贸单证工作的监督和指导，各种单据的审核。

组长：业务部科长，负责收集资料和外贸单证业务的跟踪，各种单据的审核，信用证的审核、修改及报检、报关、保险、结汇手续的办理，客户投诉的处理。

学生：外贸单证员，负责单据的审核，信用证的审核、修改及报检、报关、保险、结汇手续的办理，客户投诉的处理。

0.2　课程面向的岗位

0.2.1　课程面向的直接岗位——外贸单证员

1．外贸单证员岗位内涵

外贸单证员是指在托运、报检、报关、投保、结算等进出口业务中围绕合同及信用证从事开立信用证、审核信用证、审核单据、交接单据、督促办理租船订舱、报检、报关、保险等工作的外贸从业人员。

2．外贸单证员岗位定位

外贸单证员是外贸公司负责外贸业务履行的主要岗位，是保证外贸业务得以顺利履行的重要岗位，是外贸公司不可或缺的必备岗位。

3．课程面向的其他岗位

外贸业务员、单证员、货代员、报检员、报关员。

0.2.2　外贸单证员岗位职责

外贸单证员岗位职责主要包括以下工作。

（1）能够跟踪订单的生产、按订单及信用证的要求，按时、按质、按量地备好货物。

（2）能够根据合同催开信用证、审核信用证、修改信用证。

（3）能够根据合同及信用证的要求制作托运单，备好全套单据，按要求租船订舱，顺利装船。

（4）能够根据合同及信用证的要求办理报检、报关、保险等手续。

（5）能够根据合同及信用证的要求交单结汇。

（6）能够申领并填写收汇核销单，办理收汇核销、出口退税等手续。

（7）能够妥善处理索赔及理赔事宜。

0.3 课程项目情境设计

项目设计思路：在工学结合课程建设模式的指导下，邀请外贸企业实践专家（魏斌）共同分析外贸业务单证员工作的过程和任务，共同确定典型的工作任务和学习任务。以外贸单证员岗位职业能力标准为依据整合课程内容——审证、制单、审单、租船订舱、报检、报关、出口收汇核销手续的办理等模块，每个模块分别按照外贸单证工作流程分为若干项目，每个工作项目又根据工作需要分为若干工作任务。突出对学生外贸单证员职业能力的训练，理论知识的选取紧紧围绕工作任务完成的需要来进行。打破以知识传授为主的传统学科课程模式，转变为以外贸单证工作任务为中心组织课程内容，让学生在完成具体项目的过程中学会完成相应的工作任务，提高学生从事外贸单证工作的职业能力。项目设计以信用证结算方式下外贸出口单证员的工作任务为线索来进行。

1. 项目背景

奥耐达（广州）餐饮用具有限公司成立于2008年，业务覆盖亚太地区，主要供应出口餐饮用具、刀叉、自助餐器皿、瓷器、玻璃器皿、送餐托盘、美耐皿等各类产品，其经销商覆盖日本、韩国、马来西亚、印度等国家。它主要面向各种连锁酒店，与万豪、希尔顿、威尼斯、凯悦等大酒店都有长期合作。YOYO 是某学院国际经济与贸易专业的毕业生，在奥耐达（广州）餐饮用具有限公司实习并从事外贸单证工作。

2016年4月10日，奥耐达（广州）餐饮用具有限公司业务部与印度新德里酒店签订了一份出口餐具（刀叉）的合同（合同号：SZSTO111202-ID1），业务部魏斌经理要求YOYO负责印度的客户下的单证业务，负责跟进整个合同的履行，确保货物能够保质、保量、按时地到达新德里。

2. 销售合同的具体内容

销货合约
SALES CONTRACT

卖方

SELLER: Oneida (Guangzhou) Co., Ltd. catering equipment 22 Zhongshan Road ,Tianhe,Guangzhou ,Guangdong China

编号 **NO.:**SZSTO111202-ID1

日期 **DATE:**Jan 10,2016

地点 **SIGNED IN:**Guangzhou

买方

BUYER: The Grand New Delhi Hotel India
020 STRATIGOU TIMAGIA AVE.,
6046, New Delhi,
India

买卖双方同意以下条款达成交易：

This contract is made by and agreed between the BUYER and SELLER, in accordance with the terms and conditions stipulated below.

CODE NO.	DESCRIPTION		QTY.（PCS）	UNIT PRICE（USD/PC）CIF New Delhi	AMT.(USD)
T018FDEF	甜品叉	SCARLATTI DESSERT FORK	1 800	0.80	1 440.00
T018FDIF	主餐叉	SCARLATTI DINNER FORK	1 800	0.80	1 440.00
T018FFSF	鱼叉	SCARLATTI FISH FORK	1 200	0.60	720.00
T018KBFF	黄油刀	SCARLATTI BUTTER KNIFE	1 200	0.60	720.00
T018KDEF	甜品刀	SCARLATTI DESSERT KNIFE	2 400	0.90	2 160.00
T018KFSF	鱼刀	SCARLATTI FISH KNIFE	1 200	0.90	1 080.00
T018KPTF	主餐刀	SCARLATTI DINNER KNIFE	2 400	0.70	1 680.00
T018KSSF	牛排刀	SCARLATTI STEAK KNIFE	1 200	0.70	840.00
T018SADF	特浓咖啡勺	SCARLATTI DEMITASSE SPOON	2 400	0.80	1 920.00
T018SDEF	甜品勺	SCARLATTI DESSERT SPOON	600	0.60	360.00
T018SFTF	茶勺	SCARLATTI TEASPOOON	4 800	0.60	2 880.00
T018SITF	冰红茶勺	SCARLATTI ICED TEASPOON	1 200	0.60	720.00
T018SRBF	圆汤勺	SCARLATTI RB SOUP SPOON	1 200	0.60	720.00
T018STBF	主餐勺	SCARLATTI TABLESPOON	1 200	0.50	600.00
T029KBBF	黄油刀	SCARLATTI BUTTER KNIFE	1 200	0.60	720.00
T029KFSF	鱼刀	SCARLATTI FISH KNIFE	600	0.60	360.00
				Total	$18 360.00

1．允许 5%溢短装，由卖方决定

With 5% More or less of shipment allowed at the sellers' option

2．总值

Total Value Say US dollars eight thousand three hundred and sixty only

3．包装

Packing Each should be packaged in a single plastic bag and 50 for one carton

4．唛头

Shipping Marks Depended on seller

5．装运期及运输方式

Time of Shipment & means of Transportation During May,2016.

6．装运港及目的地

Port of Loading & Destination From Guangzhou to New Delhi

7．分批和转运

Partial shipment and transshipment :allowed

8．保险

Insurance Covering Institute Cargo Clauses(A), And Institute War Clauses(Cargo) For At Least 110% Of Cif Value, Including Warehouse to Warehouse Up to Final Destination.

9．付款方式

Terms of Payment By irrevocable confirmed L/C at sight which should be issued before Feb.20, 2016, valid for negotiation in China for further 15 days after time of shipment

10．备注

Remarks

The Buyer	**The Seller**
The Grand New Delhi Hotel India	Oneida (Guangzhou) Co., Ltd. catering equipment

3. 项目名称

项目A：跟进奥耐达（广州）餐饮用具有限公司与印度新德里酒店出口合同（合同号：SZSTO111202-ID1），印度客户开来信用证（L/C NO.20111025）。

项目任务分解

项目A	跟进奥耐达（广州）餐饮用具有限公司与印度新德里酒店出口合同（合同号：SZSTO111202-ID1），印度客户开来信用证（L/C NO.20111025）					
编号	训练任务名称	项目子任务	拟实现的能力目标	相关支撑知识	训练方手段及步骤	考核结果
	1. 审核与修改信用证	1. 信用证审核结果 2. 修改信用证 3. 核实开证行传递过来的修改通知书的内容并及时给予回复	1. 能翻译合同的重要条款 2. 能翻译信用证的重要条款 3. 能审核信用证 4. 能缮制信用证修改申请书	1. 掌握合同条款的基本内容 2. 掌握信用证的基本内容 3. 掌握信用证的审核方法及审核要点 4. 掌握信用证修改的流程 5. 掌握信用证修改申请书的格式	1. YOYO按照要求翻译合同的支付条款，对照信用证条款逐条审核信用证 2. 缮制修改信用证申请书（Application for Amendment to Letter of Credit） 3. 网上查阅信用证修改的流程，E-mail与进口方业务员LALA沟通，督促信用证修改的进程 4. 将修改通知书与修改申请书的内容一一对照，核实信用证修改申请书内容与修改通知书内容是否相符	1. 出口外贸合同主要条款、信用证条款的翻译 2. 信用证修改申请书 3. 修改通知书的核实结果 4. 修改通知书的E-mail回复
	2. 租船订舱	1. 计算班轮运费，比较租船运输（Chart a Ship）与班轮运输（Liner Term）的优劣，确定合适的运输方式 2. 核算货物的数量，确定集装箱的大小及数量 3. 制作托运、订舱的委托书，大副收据（Master Receipt），提单	1. 能读懂船期表，确定船期；能计算班轮运费，比较租船运输与班轮运输的优劣，确定合适的运输方式 2. 能核算货物的数量，确定集装箱的大小及数量 3. 能制作托运单、订舱委托书、大副收据、提单	1. 掌握班轮运费的计算方法 2. 掌握各种运输方式的特点 3. 掌握不同规格的集装箱的尺寸，掌握计算装箱的方法 4. 掌握大副收据、提单的制作要点	1. YOYO根据班轮运输的运价表，根据班轮运费的计算方式，计算班轮运费；从班轮运费的不同征收方式中选出合适该批货物的征收方式，即从价（Ad Val）、从量（w）还是按体积（m） 2. 掌握不同规格集装箱箱内体积的核算，核算怎样装箱能够装的最多 3. 掌握不同规格集装箱装箱（Container）的计算方法——FAK（统一收取包箱费率）、FCS（按不同货物等级收取包箱费率）、FCB（按不同货类及计算标准制定的费率），核算确定租用集装箱的最低费率 4. 掌握集装箱的交接方式——FCL-FCL、CY-CY、LCL-LCL，确定怎样交接最有利 5. 认真分析信用证中的提单条款，核对提单份数是否符合要求？核实提单的收款人是否正确？核实提单被通知人栏是否正确	1. 运费的计算结果 2. 集装箱的计算结果 3. 提单的制作

续表

编号	训练任务名称	项目子任务	拟实现的能力目标	相关支撑知识	训练方手段及步骤	考核结果
	3．办理保险	1．保险险别的选择 2．保险费（Premium）的计算 3．制作投保单（Insurance Slip）、保险单（Insurance）	1．能根据货物的特性选择正确的险别（Risks） 2．能计算保险费 3．能制作投保单及保险单	1．掌握ICC及CIC的不同险别，掌握各种险别的保险范围（Insurance Coverage） 2．掌握保险费的计算方法 3．掌握投保单及保险单制作的要点	1．YOYO分析合同中货物的特点，选择投保的险别。YOYO拿不定该选何种险别，要求查阅各个险别的承保范围，并适当提示 2．YOYO根据保险费计算的公式计算保险费。YOYO不明确保险金额与保险费的区别，要求学生上网查找其含义，并联系自己购买的保险，理解保险金额与保险费的区别 3．YOYO根据信用证中的保险单条款，认真分析保险单各项填写要求，制作投保单及保险单	1．保险险别的比较分析 2．保险费的计算结果 3．投保单、保险单的制作
	4．出口报检、报关	1.报检的相关单据的准备；报检单的填写 2.报关的相关单据的制作、报关单的填写	1．审核报检需要的全套单据，发票、装箱单、原产地证等是否齐全，填写报检单 2．审核报关需要的全套单据，发票、装箱单、原产地证等是否齐全，填写报关单	1．掌握报检的流程 2．掌握报检单审核的要点 3．掌握报关的流程 4．掌握报关单审核的要点	1．YOYO根据报检的流程，准备全套单据，在报检要求的时限范围内及时向报检部门提交全套单据，申请报检。填写并审核报检单填写是否正确以及所需要的单据是否符合信用证要求 2．YOYO根据报关的流程，准备报关需要的全套单据，向出口地海关申请报关。填写并审核报关单的填写内容是否与其他相关单据相符	报检单、报关单的制作结果；报检、报关的过程考核
	5．制作全套外贸业务单据	制作发票、装箱单、汇票装运通知、受益人证明等信用证要求的其他单据	能根据信用证要求缮制全套单据	掌握发票、装箱单、汇票、装运通知、受益人证明等单据的填写要点	YOYO根据信用证中单据条款的要求，准备全套单据，按照信用证的要求制作全套单据	
	6．审核全体单据	审核信用证项下的全套单据	1．能根据信用证的要求审核单证商业发票、装箱单、提单、汇票等全套单据 2．能根据信用证的要求更正全套单据 3．能根据信用证的要求及时提交全套单据	1．掌握单据的审核要点 2．补充、更正单据中的不符点 3．掌握交单的基本时间要求，及时交单	YOYO根据信用证的单据要求，审核全套已经准备好的单据，按照信用证要求提交全套单据	商业发票、装箱单、提单、汇票等的审核结果

续表

编号	训练任务名称	项目子任务	拟实现的能力目标	相关支撑知识	训练方手段及步骤	考核结果
	7．单据归档	按照公司要求对全套单据进行分类归档	能够对单据进行分类归档	1．了解单据的基本分类 2．按照公司要求对单据进行归档整理	YOYO 将全套单据进行分类并归档	单据的分类
	8．总结	1．总结外贸单证业务的整体流程 2．总结单证制作的技巧	1．能够很好地从整体上把握对外贸易的业务流程 2．能够较好地认识自己存在的不足 3．能够吸取其他同学的长处，改进、提高自己	1．回顾全套外贸业务流程，发现自己存在不足的环节 2．回顾制作单证过程中遇到的难题，以进一步巩固提高	1．每个小组长代表发言，总结本小组的优点以及存在的问题 2．每个学生自我小结能客观地发现自己存在的问题，总结自己的不足	总结报告

0.4 项目考核说明

考核内容：基础知识考核（20%）+项目过程考核（50%）+任务成果考核（30%）。

考核方式：知识考核为闭卷考核，分为基础知识考核及单证审核考核、过程考核；技能考核与素质目标考核按照企业的考核模式对学生进行评价，具体分为学生自评、互评与教师评价两部分。

《国际商务单证项目教程》课程项目过程考核构成总表

序　　号	任务名称	单元考核要点	单元分值
1	信用证的审核及修改	1-1　信用证的审核	6
		1-2　信用证的修改	4
2	全套单据的缮制	2-1　发票、装箱单的缮制 2-2　托运单、提单等运输单据的制作 2-3　投保单、保险单的制作 2-4　报关单、报检单的制作 2-5　汇票的制作 2-6　官方单据的制作 2-7　附属单据的制作 2-8　核销单的制作	40

续表

序　号	任务名称	单元考核要点	单元分值
3	租船、订舱	3-1　运费的计算结果	3
		3-2　集装箱装箱的计算结果	4
		3-3　大副收据、提单的审核结果	4
4	办理保险	4-1　保险费的计算	4
		4-2　保险单、投保单的审核	5
5	审单、交单	全套单据的审核及修改	20
6	全套单据的归档	单据的分类及归档	5

审核单据考核的具体标准

单据名称	能够准确缮制（4分）	发现问题（2分）	内容更改正确、补充完整（2分）	更改后与信用证条款完全相符（2分）
商业发票				
装箱单				
托运单				
提单				
报检单				
原产地证				
报关单				
保险单				
附属单据				
汇票				
单据的分类归档				

小组长签名：

工作态度及能力考核参考表

工作过程考核	二级指标	评价标准	分值
工作过程考核	学习任务准备作业质量（小组提交，教师评价）	作业齐全、整洁；问题回答正确、完整；按时上交	A类16～20分 B类12～15分 C类0～12分
	学习任务完成质量（小组提交，组间互评和老师评价共同给出成绩）	1．知识应用正确，内容完整，思路清晰 2．能够对错误之处进行修正 3．能够充分总结经验教训，不断改进 4．小组工作效率高，团队合作好 5．正确回答提出的问题	A类16～20分 B类12～15分 C类0～12分
	个人行为表现	（参照下一页的职员考核、科长考核表）	A类16～20分 B类12～15分 C类0～12分
	1．学习任务工作 2．反思总结 （个人提交，老师评价）	1．能够总结学习的收获，发现存在的问题，提出改进的措施 2．对整个单元学习过程有全面、完善、客观的总结和认识 3．与前、后续知识的联系正确	A类16～20分 B类12～15分 C类0～12分

小组长签名：

考核说明：工作态度及能力考核为A的同学，平时作业分数按照110%计算；工作态度及能力考核为B的同学，平时作业分数按照100%计算；工作态度及能力考核为C的同学，平时作业分数按照90%计算。

__________科长考核登记表

考核项目		自我评定	经理核定	最终分值
工作质量（占45%）	1．执行计划的品质水准 2．完成工作的时效性 3．工作进度的控制及定期工作汇报的结果 4．问题分析及对策能力 5．工作难度的估算及时间预算准确 6．上级交给的各项任务完成效果			
工作态度（占25%）	1．按时出勤，有责任感，配合加班 2．服从上司工作的合理调配 3．乐于执行，尝试新方法 4．主动构想新工作方法并改善			

续表

考核项目		自我评定	经理核定	最终分值
领导能力（15%）	1．本团队的凝聚力 2．指导下属的工作能力 3．人员、物料的控制能力			
工作进度控制（15%）	1．合理计划、分配时间 2．工作进度符合上级要求，并主动汇报工作情况 3．对临时分配的工作能按时完成			
总分				

签名：

考核说明：

1．最终分值=(自我评定+组长核定)/2

2．工作态度及能力考核 90 分以上的同学，个人行为表现一栏为 A；工作态度及能力考核 75～90 分的同学，个人行为表现一栏为 B；工作态度考核 75 分以下的同学，个人行为表现一栏为 C

__________职员考核登记表

考核项目		自我评定	组长核定	最终分值
工作项目（占 45%）	1．正确了解工作项目及自己扮演的角色 2．正确掌握指示事项的重点 3．工作效果符合上级要求 4．有效节省时间 5．遵守工作规则 6．自我检讨工作中的过失，不犯同样的错误			
工作态度（占 25%）	1．按时出勤，有责任感，配合加班 2．服从上司工作的合理调配 3．乐于执行，尝试新方法 4．主动构想新工作方法并改善			
团队精神（15%）	1．乐于配合公司各项任务及活动 2．乐于与他人合作，不争功诿过 3．与本部门及其他部门、客户关系融洽			

续表

考核项目		自我评定	组长核定	最终分值
工作进度控制（15%）	1．合理计划、分配时间 2．工作进度符合上级要求，并主动汇报工作情况 3．能按时完成临时分配的工作			
总分				

签名：

考核说明：

1．最终分值=(自我评定+组长核定)/2

2．工作态度及能力考核 90 分以上的同学，平时作业分数按照 110%计算；工作态度及能力考核 75～90 分的同学，平时作业分数按照 100%计算；工作态度及能力考核 75 分以下的同学，平时作业分数按照 90%计算

第 1 章　单证的分类及归档

【本章任务】

1. 了解国际商务单证的概念、种类和作用
2. 掌握国际商务单证的缮制要求
3. 了解国际商务单证的发展趋势

任务情境： YOYO 是某学院国际经济与贸易专业毕业生，在奥耐达（广州）餐饮用具有限公司实习并从事外贸单证业务。刚到公司的第一天，外贸业务部经理魏威首先向其介绍了公司的基本情况，之后 YOYO 又通过阅读有关的资料和网站信息全面掌握了奥耐达(广州）餐饮用具有限公司的情况。奥耐达（广州）餐饮用具有限公司成立于 2008 年，其业务覆盖亚太地区，主要供应进口餐饮用具、刀叉、自助餐器皿、瓷器、玻璃器皿、送餐托盘等产品，其经销商覆盖日本、韩国、马来西亚、印度等国家，公司业务主要面向各种连锁酒店，与万豪、希尔顿、威尼斯、凯悦等大型酒店都有长期合作。魏经理希望 YOYO 能够尽快熟悉业务，发挥自己的所学，做到学有所成。

1.1　国际商务单证的概念、种类和作用

1.1.1　国际商务单证的概念

在进出口业务中，由于买卖双方相距甚远，不能实现一手交钱一手交货，因此，买卖双方货款的支付主要凭借单证实现。具体地说，卖方以交“单”代替交货，买方见“单”付款。因此，单证在国际贸易中扮演着非常重要的角色，国际贸易就是典型的单据买卖。

国际商务单证简称“单证”（Documents），是指在国际贸易中凭以处理国际货物的支付、运输、保险、商检、结汇等应用的单据与证书。广义的国际商务单证，是指国际贸易中使用的各种单据、文件与证书的统称。狭义的国际商务单证，一般指各种国际贸易结算方式下使用的单据和信用证。

在国际贸易中，由于买卖双方所在的地理位置相对遥远，双方商品的买卖往往表现为单据的买卖，即买卖双方凭借单证来处理商品的交付、运输、商检、保险、报关、结汇等。国际商务单证工作包括审证、制单、审单、交单和归档五个环节，贯穿于外贸业务的成交、

运输、收汇的全过程，专业性与时间性强，工作量大、涉及面广，除了本企业内部的协调配合外，还要与货物的生产单位、交通运输部门、银行、保险公司、海关、检验检疫机构，以及与有关的行政管理机关等协调配合。对进出口企业来说，在完成了货物的交付后，单证能否正确、完整、及时、清晰地缮制完成，是能否顺利结汇的关键，它直接关系到企业的经济利益。因此，单证工作是进出口业务中一个非常重要的环节。

1.1.2 单证的分类

1. 根据贸易双方涉及的单证和业务环节划分

单证，可分为出口单证、进口单证、托运单证和结汇单证。

（1）出口单证是指出口地企业及有关部门涉及的单证，包括贸易合同、出口许可证、出口报关单、包装单据、出口货运单据、商业发票、保险单、汇票、检验检疫证书、原产地证等。

（2）进口单证是指进口地的企业及有关部门涉及的单证，包括贸易合同、进口许可证、信用证、进口报关单、保险单等。

（3）托运单证是指主要为了保证货物安全出运的单证。

（4）结汇单证是指保证能安全取得货款的单证。

2. 根据单证用途划分

单证，可分为金融（资金）单据、商业单据、货运单据、保险单据、官方单证和附属单据。

（1）金融（资金）单据是指汇票、本票、支票或其他用以取得款项的凭证。

（2）商业单据即出口商出具的单据，有很多种类，如商业发票、形式发票、装箱单、重量单等。

（3）货运单据，即各种方式运输单据的统称，包括海运提单、不可转让海运单、租船合约单、空运单、公路铁路运输单据、内河运输单据、专递和邮政运输收据、托运单、报关单、报检单等。

（4）保险单据，主要是指国际货物运输保险单据，有保险单、预保单、保险证明、投保单等。

（5）官方单据是官方机构出具的单据和证明，如进出口许可证、检验检疫证书、原产地证等。

（6）附属单据是指对国际贸易业务起补充说明作用的单据，包括受益人证明、装运通知、船公司证明等。

3. 根据单证的表现形式划分

单证可以分为纸质单证和电子单证。

4. 其他分类

（1）《托收统一规则》（《URC522》）的分类

① 金融单据——具有货币属性，汇票、支票、本票或其他用于取得付款资金的类似凭证。

② 商业单据——除了金融单据以外的所有单据。

（2）《跟单信用证统一惯例》的分类

① 运输单据——海运提单；非转让海运单；租船合约提单；多式联运单据；空运单据；公路、铁路和内陆水运单据；快递和邮包收据；运输代理人的运输单据等。

② 保险单据——保险单、保险凭证、承保证明和预保单。

③ 商业发票。

④ 其他单据——包括装箱单、重量单和各种证明书。

5. UN/EDIFACT 的分类

EDI 国际通用标准将国际贸易单证分为九大类：生产单证、订购单证、销售单证、银行单证、保险单证、货运代理服务单证、运输单证、出口单证、进口和转口单证。

1.1.3 单证的作用

从某种意义上说，国际贸易就是单据贸易，几乎所有贸易环节的具体操作都与单据的交换密切相关，即使在计算机技术迅猛发展的今天，单据仍扮演着相当重要的角色，如 EDI 无纸贸易和电子单据的运用等。不了解、不熟悉单证知识就等于不懂贸易，更无法与业务部门的相关人员进行正确的沟通和交流，这就意味着双方交易不能正常进行。国际贸易单证工作如此重要，其重要性具体表现在以下几个方面。

1. 国际商务单证是履行买卖合同的证明

买卖合同的履行一般是通过商品和货币的交换来实现的。但在国际贸易中，买卖双方分别处于不同的国家和地区，在多数情况下，商品和货币不能进行简单的直接交换，必须以单证作为交换的媒介。正如国际贸易专家施米托夫在《出口贸易》一书中所述：“从商业观点来看，可以说 CIF 合同的目的不是货物本身，而是与货物有关的单据的买卖。”在进出口贸易合同履行过程中，单证大致可分为两类：一类具有商品的属性，它们有的代表商品，有的表示商品的交换价值，有的说明商品的包装内容，有的保证商品的质和量，有的为商品输入国提供必要的证明；另一类具有货币的属性，它们有的直接代表货币，有的为货币的支付做出承诺或做出有条件的保证。各种单证都具有特定的功能，它们的缮制、签发、流转、组合和交换等具体应用反映了合同履行的进程，也反映了买卖双方权责的发生、转移和中止。由此可见，单证是完成国际贸易程序不可缺少的业务流程，也是履行买卖合同的证明。

2．国际商务单证是结汇的必要工具

国际贸易结算最初是以黄金、白银或铸币的交换来清偿货款的，实行现金结算，15 世纪以后发展为以票据（光票）的授受来进行结算，后者是一种非现金结算方式。随着航海运输和保险等行业的发展，海运提单从一般的货物收据演变为可以转让的货物所有权凭证，承担运输风险的保险单也变成可以背书转让的有价证券。这些单据在一定时间内可以作为一种抵押品，于是便出现了跟单汇票付款的结算方式。国际贸易中货物的单据化使得商品买卖可以通过单据买卖来实现。卖方交付单据代表交给货物，买方付款赎取单据代表买到货物。在国际贸易结算中，无论采用哪种支付方式，买卖双方都要发生单据的交接。这是因为单据代表着货物，掌握了单据就等于掌握了货物，通过单据转移达到货物转移的目的，并使得货物的转移合法化，国际贸易中货物的单据化大大地便利了货物买卖时货权的让渡或转移。因此，在国际贸易中，全套正确、完整的单据是卖方安全、迅速结汇的必要工具，同时也是买方取得物权证明的保证。

3．国际商务单证是避免和解决争端的依据

国际贸易往往表现为单据贸易，因此，在合同订立的前、中和后期都要对相关单据严格把关，否则就可能造成因单据的不规范、不确切、存在漏洞而引发麻烦或在发生有关争议后无法利用合法的手段（出示合格的单据）保护自己的权益，更谈不上对对方的不合理要求给予拒绝。国际商务单证不但是收汇的依据，当发生纠纷时，往往又是处理争议的依据。因此，它必须符合有关国家的法律、规则和惯例等要求。例如，货物在运输途中受损，货方向保险公司提出索赔，保险单就是赔偿的凭证；如关系到赔偿额的计算问题，发票又是赔偿的依据；如属于承运人的责任，向承运人索赔，提单或其他运输单据就是处理索赔的依据；如在货物品质上发生争执，品质检验证书又是处理纠纷的依据。

4．国际商务单证是企业经营管理水平的重要标志

国际商务单证工作是企业经营管理的重要组成部分，是为进出口贸易全过程服务的。单证工作的质量直接反映了企业管理水平的高低，单证工作在进出口业务中能起到“把关”的作用。如果履行买卖合同的某个环节不能正确、及时地缮制或流转有关的单证，就会影响整个合同履行的进程。同样，进出口业务管理中的问题也会在单证工作中表现出来。因此，不能只是简单地把单证工作看作是单证的缮制、复核和流转，而应视其为能否围绕单证及时、妥善处理好整个进出口业务环节中的各项工作，能否协调和解决业务中的各种矛盾，能否确保顺利结汇及维护企业的信誉，能否不断提高企业经营管理水平的重要标志。

因此，加强单证工作，提高单证质量，不仅可以有效地制止差错事故的发生，弥补经

营管理上的缺陷，加速对外交货，还可以增收节支，加速资金周转，为国家创造大量外汇，并能提高企业信誉，促进对外贸易的发展。因此，有业内专家也曾指出：单证就是外汇。

1.2　单证工作的基本要求

1.2.1　单证制作的依据

任何一种单据的制作都一定要有依据。

1．法律、惯例和有关规定

所有国际贸易中要求的单据都有相应的法律、惯例和规则，较常见的有《中华人民共和国合同法》《中华人民共和国票据法》《中华人民共和对外贸易法》《中华人民共和国海商法》《中华人民共和国保险法》，我国政府参加的《联合国国际货物销售合同公约》，在国家贸易领域影响巨大的《UCP600》《ISBP》（《审核跟单信用证项下单据的国际标准银行实务》的简称）、《URC522》（《跟单托收统一规则》的简称）、《URR525》（《国际商会跟单信用证项下银行间偿付统一规则》的简称）、《INCOTERMS2010》（《国际商会贸易术语解释通则 2010》的简称）等，所有这些规定都对制单工作具有非常强的指导意义。

2．以合同、信用证和货物实际情况为准制作单据

实践中主要指单单、单证、证同、单货的一致，单据一定要如实反映货物的情况。

3．单据制作应满足各行业、部门的特殊要求

如出口到信仰伊斯兰教国家的禽类产品，进口商有时会提出由出口地伊斯兰教协会出具有关证明；农药产品出口到美国、欧盟等国时，进口商通常会要求出口方提供所出口的农药产品的 MSDS（危险数据资料卡）等。

1.2.2　单证工作的基本要求

国际商务单证工作主要包括审证、制单、审单、交单和归档等五大方面。单证工作的总体要求是“证同一致”“单证一致”“单单一致”“单货一致”。其中，“证同一致”是指信用证与合同保持一致；“单证一致”是指全套单据与信用证保持一致；“单单一致”是指各种单据之间保持一致；“单货一致”是指单据中所描述的货物与实际出运的货物保持一致。前述三个“一致”是针对单据处理而言的，“单货一致”应侧重在备货工作上。

1．审证

在收到信用证后，即应着手审证。通知行的审证主要是审核信用证开证行的资信情况，核验其印鉴或密押的真实性及偿付条款等。出口商的审证主要是审核信用证的各项条款是否与合同条款相符，对“证同不符”的条款或其他不能接受的条款应及时提出并要求对方修改。

2. 制单

单证制作应做到正确、完整、及时、简明和整洁。

（1）正确（Correctness）。正确是缮制单证工作的前提，单证不正确就不能安全结汇。这里所说的正确，至少包括两方面的内容：一方面是要求各种单据必须做到“三相符”（单据与信用证相符、单据与单据相符、单据与贸易合同相符），另一方面则要求各种单据必须符合有关国际惯例和进口国的有关法令和规定。

从银行的角度来说，依据《UCP600》，主要审核受益人提交的单据是否构成“相符交单”，即受益人提交的单据应该与信用证条款、《UCP600》的相关适用条款，以及《国际标准银行实务》（以下简称《ISBP745》）一致方可交单。

从进出口企业的角度来说，除以上三个“相符”外，还要做到“单货相符”，这样单证才能真实代表出运的货物，确保履约正常，安全收汇。跟单托收业务虽然不像信用证那样严格，但是如果不符合买卖合同的规定，也可能被进口商找到借口，拒付货款或延付货款。

（2）完整（Completeness）。单证的完整性是构成单证合法性的重要条件之一，是单证成为有价证券的基础。在进出口贸易中，买卖双方在订单、合同或信用证中都会明确说明出口方需提交单据的种类、份数，有无正副本要求，是否需背书及应在单据上标明的内容。单证的完整一般是指下列几个方面。

① 单据内容完整，即每一种单据本身的内容（包括单据本身的格式、内容、文字和签章、背书等）必须完备齐全；否则，不能构成有效文件。

② 单据种类完整，即单证在通过银行议付或托收时，应是成套、齐全，而非单一的。遗漏任何一种单据，就是单据不完整。例如，在 CIF 交易中，出口商向进口商提供的单证至少应有发票、提单和保险单。出口商只有按信用证或合同规定备齐所需单据，银行（或进口商）才能履行议付、付款或承兑的责任。

③ 单据份数完整，即要求出口商提供的各种单据的份数要按信用证或买卖合同和惯例的要求如数交齐，不能短缺。目前，国外有些地区开来的信用证所列条款日趋繁复，所需单证类别甚多，除发票、提单和保险单等主要单据外，还包括许多其他单据，如检验检疫证、重量单、装箱单、原产地证、航程证明、邮包收据和电抄副本等，这些单证都需要经过一定手续和事先联系才能取得。因此，在单证制作和审核过程中，必须密切注意、及时催办，防止遗漏和误期，以保证全套单证的完整。

（3）及时（Promptness）。进出口单证工作的时间性很强，各种单证都要有一个适当的出单日期。及时出单包括两个方面的内容：一方面是指各种单据的出单日期必须合理可行，即每一种单据的出单日期不能超过信用证规定的有效期限或按商业习惯的合理日期。例如，保险单的日期必须早于或同于提单的签发日期，提单日期不得迟于装运期限，装运通知书必须在货物装运后立即发出等。如果这些日期搞错了，同样会造成出单不符。另一方面是反映在交单议付上。这里主要是指向银行交单的日期不能超过信用证规定的交单期。《UCP600》第十四条 c 款规定："受益人或其代表按照相关条款在不迟于装运日后的 21 个公历日内交单，但无论如何不得迟于信用证的到期日"。

总之，及时是指及时制单、及时审单、及时交单、及时收汇。缮制单据是一项复杂而又细致的工作，多数单据由出口方完成，有些需要相关部门配合完成；审单时应齐抓共管，这样就可以保证在规定的时间内把全部合格单据提交给有关银行，及时交单就意味着能及时收汇，及时收汇又意味着一个良性业务环节的开始。

（4）简明（Conciseness）。单据的内容应按合同或信用证要求和国际惯例填写，力求简明，切勿加列不必要的内容，以免弄巧成拙。简化单证不仅可以减少工作量和提高工作效率，而且也有利于提高单证的质量和减少单证的差错。《UCP600》第四条 b 款规定："开证行应劝阻申请人将基础合同、形式发票或其他类似文件的副本作为信用证整体组成部分的做法"。因此，为了防止混淆和误解，银行应劝阻在信用证或其任何修改书中加注过多细节内容的行为，单据中不应出现与单据本身无关的内容。

（5）整洁（Clearness）。整洁是指单证表面清洁、美观、大方，即单证内容清楚易认、简洁明了。如果说正确和完整是单证的内在质量，那么整洁则是单证的外观质量。单证的外观质量在一定程度上反映单证员的业务水平。

单证的整洁要求单证格式的设计和缮制力求标准化和规范化，单证内容的排列要行列整齐、主次有序，重点项目要突出醒目，字迹要清晰，语法要通顺，语句要流畅，用词要简明扼要、恰如其分。各种单证的更改都要有一个限制点（一般最多不超过三处），不允许在一份单证上多处涂改；更改处一定要盖校对章或简签；若涂改过多，应重新缮制。

3．审单

审单就是单证员在缮制或取得全套单证后汇集各项单据，以发票为中心，严格、仔细地与信用证（或合同）逐项核对，做到"单证一致"、"单同一致"（非信用证支付时）、"单单一致"，单据与有关惯例条款一致，防止错单、缺单出现。若发现有错误应及时修改，若缺单应及时追索或补做，不符合制单要求的应重新制作，把好单证质量关。

4．交单

交单是议付和结汇的前提，一个进出口企业只有按时交单才能实现创汇的目的。交单应做到单据齐备、内容正确、提交及时。

5．归档

进出口结汇单证是重要涉外单据文件，交单之后可能有退单、拒付、索赔和争议等事件发生。因此，必须保持一套完整的副本单据妥善归档（包括信用证及其修改书），编排好索引，以科学的方法建立档案。这也是单证工作中的重要一环。它至少可以起到两个方面的作用：一是加强进出口业务管理的需要；二是万一发生交单后的退单、索赔、争议和仲裁等情况时，能作为有效的证明文件。

1.2.3 国际商务单证的工作要点

1．工作主线：合同、信用证和单据

合同、信用证、单据是一条贯穿国际贸易程序始终的主线。交易的双方在从事贸易活动时，首先应订立合同以确定彼此的权利和义务。在此基础上，如果是信用证付款方式，则由进口方向本国开证行提出开证申请，并由后者向受益人开出信用证，然后买卖双方就以信用证和有关的法律法规为准具体履行各自的义务（实践中履行义务多通过单据的形式实现）。

2．工作过程：制单、审单、交单

任何一个环节的单证工作都可以概括为上述三方面，该工作过程的主要依据是合同、信用证、有关惯例及规定和买卖货物的原始资料。第一，制作单据。不同单据的出单人各异：发票、装箱单和汇票等由出口方做；运输部门通常会配合出具提单、运单和船证等；货物的保险手续则一定由保险公司办理。这就要求相关各方密切协作，按要求顺序出单。第二，对制作完成的单据应严格审核。审核的一般过程是：单证员及其所在公司内部先自行核实，确认所做单据没有问题的情况下，再向本国银行或相关部门提交；银行国际结算部将结合信用证等对单据进行逐字、逐句的审核，如果单、证内容表面一致，银行将通过一定方式把全部单据寄国外付款行；如果付款行审核后无异议，即履行付款义务；买方从付款行赎单前也要对单据进行审核。因此，审核单据在出口方、出口银行、进口银行和进口方之间一直在进行。第三，如果单据的制作和审核没有发现任何问题，那么按规定的时间、方式和要求的种类、份数提交合格单据就成为顺理成章的事了。

3．基本单据：发票、装箱单、提单

一笔业务不管内容繁简，当事人位于哪个国家，有关当事方通常都会要求出口方提交这三种单据。如果交易条件不同，那么要求的单据种类也可能有所增减。例如，CIF条件下出口方有义务提供保险单；如果所出口的商品是法定检验商品，则应有相应的检验检疫证；作为支付工具的汇票也不是每笔交易都需要的，有些业务根本不需要使用汇票；如果是易货或边境贸易，当事人一手交钱一手交货，则可能不需要单据或只要发票即可。因此，单

证员对这三种单据必须认真对待、了如指掌。

4．单据类型：官方单据、商业单据和金融单据

单据的分类有多种，上述分类主要是从出单人和单据作用的角度进行划分的。官方单据主要指的是由政府机构或民间团体核发的单据，如检验检疫证、进出口许可证和原产地证等；商业单据主要是指由进出口商、运输部门和保险公司等缮制并提供的包括发票、装箱单、提单、保险单、受益人证明和装运通知等在内的各种常见单据；金融单据主要用于取得货款，包括汇票、本票和支票。

5．主要当事方：出口方（受益人）、进口方（申请人）、第三方（银行/运输部门等）

国际贸易中的每个环节都会涉及多个当事人，但都可以概括为三方，即出口方（受益人）、进口方（申请人）和第三方，所有单据的缮制、流转都是围绕这三个当事人进行的。例如，在办理保险手续时，根据交易条件的不同，可以由买方（FOB，CFR）或卖方（CIF）向第三方保险公司办理相应事宜。

6．付款方式：电汇、托收、信用证

国际贸易实践中常用付款方式有电付、托收、信用证等，不管使用哪种方式付款都必须提交相应的单据。付款方式不同，所要求的单据的种类、份数、交单方式都会有所区别。例如，在电汇付款方式下，要求的单据种类相对简单，通常是最常用的基本单据，并且单据一般是由卖方直接邮寄给买方；在 D/P 付款方式下，虽然托收属于商业信用，银行只提供服务，但为了有效地控制物权，卖方都是委托银行（托收行）将单据通过代收行转递给买方；在信用证付款方式下，不同地区银行开出的信用证繁简不一，要求的单据的种类、份数相差甚远，银行对结汇单据的要求更是遵循“相符交单”的原则。

7．时间衔接：相同、早于、晚于

由于国际贸易中的单据众多，各种单据的出单顺序是必须要考虑的一个问题。单据之间的时间必须满足有关合同、信用证和惯例的要求，且先后顺序应合理并符合逻辑性。就各种单据的出单时间先后比较来看有相同、早于和晚于三种情形。例如，保险单必须在提单之前或最晚与提单同一天出具；产地证的出单时间应晚于发票的时间；报关放行通常应在货物装运前 24 小时完成；装运通知一般出口方在装运后一两天内对外发出装运通知；如此等等。

8．重要日期：装运期、有效期、交单期

各种单据的签发日期应符合逻辑性和国际惯例，通常提单日期是确定各单据日期的关键，发票日期应在各单据日期之首；提单日不能超过信用证规定的装运期，并在运输单据出具后 21 天内向银行交单；保单的签发日不得晚于提单日期（一般早于提单两天），不能

早于发票；装箱单的签发日不得晚于发票日期，但必须在提单日之前；原产地证不早于发票日期且不迟于提单日；商检证书日期不晚于提单日期，但也不能过分早于提单日，尤其是鲜货等容易变质的商品；受益人证明不得早于提单日；装船通知的日期应与提单同天或提单日后 3 天内；船公司证明不得晚于提单日；全套单据提交银行付款的时间不得晚于信用证规定的交单期，汇票日期应晚于提单、发票等其他单据，但不能晚于 L/C 的有效期。

9．常用术语：FOB、CFR、CIF

在国际贸易中，为了明确双方当事人在货物交接过程中的费用、风险、责任划分问题，通常都会在合同中采用某种贸易术语，FOB、CFR 和 CIF 三种只适用海运的术语最为常见。贸易术语不同，出口方向银行或进口方提交的单据也不同。根据《INCOTERMS 2010》的解释，在 FOB 条件下，应提交的单据包括商业发票、许可证和证明履行合同义务的通常单据或电子信息；在 CFR 条件下，则明确提出应提交在目的港提货或可以转让的运输单据，实践中特别强调此术语下出具并发送装运通知的重要性；在 CIF 条件下，提交保险单则成了出口方的法定义务。

10．份数表达：Full Set of、Copy/Fold、In Duplicate

进出口业务中所涉及的任何一种单据都有具体提交份数的规定，使用较多的短语有 Full Set of（3/3，2/2），表示全套的意思。其中，分式的分母表示制作正本单据的份数，分子表示提交银行付款的正本单据的份数；使用 Copy/Fold，例如，可以说“Commercial Invoice in 3 Folds”“Packing List in 2 Copies”等；还可以用介词短语表示，从一式两份到一式十份英语中均有固定短语，像 In Duplicate（两份）、In Triplicate（三份）、In Quadruplicate（四份）、In Octuplicate（八份）等，且至少应含有一份正本；如果没有对某种单据的份数提出要求，则一般可以只提交一份正体、一份副本；如果明确提出正、副本的份数，则应按规定制作、提交。

11．单据形式：统一印制、自制、电子单据

任何一种单据都体现为一定的形式。从实际业务角度讲，官方单据多为统一印制，像一正三副的 GSP Form A（格式和内容在全球范围内都是统一的）、一式三联的核销单（由外汇管理局统一印制）、海关规定的进出口报关单证等；出口公司、运输部门、保险公司和银行等出具的单据格式、内容多自定，但相差不大；电子单据则主要指 EDI。目前，我国电子单据发展最完善的是“金关”工程、网上许可证和配额申领等。

12．清晰脉络：业务环节、办证步骤、单证流转

单证员必须清楚各种单据产生的脉络。一般而言，首先，应明确某单据产生的业务环节；其次，应清楚该单据的办证步骤；最后，应抓住单据出具后的流转过程。例如，在办

理托运事宜时，其业务发生在运输环节中，在办理相关单据时，其步骤和流程可以简单地理解为这样一个顺序：S/C（合同）——L/C（信用证）——B/N（托运单）——S/O（装货单）——M/R（大副收据——杂货运输）或 D/R（场站收据——集装箱运输）——B/L（提单）——D/O（提货单）。

13. 特别注意：客检证、使领馆认证、有特殊要求的单据

在实际工作中，从业人员可能有这样的体会：卖方有时很难处理某些国家银行开出的信用证中的一些单据要求。比较典型的情况有：第一，客户检验证的问题。这种要求多数是情有可原的：因买卖双方分处不同国家，买方为保证自身利益不受损害，在货物装运之时或之前，由自己派驻出口国的代表或机构对货物进行实地检验、核实并出相应证明，这样的合理要求应得到卖方的配合。所以，对客检证应加以区别，能做到的尽可能予以满足，做不到的也应通过适当方式取得对方的谅解或要求对方修改。第二，单据认证。单据认证近年来较多地出现在中东或非洲某些客户开立的信用证中，对这样的要求，我们应采取的正确做法是：宜早不宜迟（使领馆认证应考虑出口地是否设有相应机构）、能做到的一定照办（如不满足对方要求，卖方就会失去一个贸易机会和贸易伙伴）、成本核算中应事先考虑这笔费用（少则几百，多则几千元）。第三，特殊要求的单据。这主要是指不同于发票、装箱单等正常单据以外的单据。例如，美国海关要求的美国电子舱单申报系统（American Manifest System，AMS）的规定、海关发票和非再加工证明等。

14. 使用语言：英文、中文、第三国语言

提交的单据所使用的语言应符合信用证或有关规定。在没有明确规定的情况下，多数单据都以英语制作。但某些官方语言为法语的国家或地区（南美）可能会在订立合同或开立信用证时要求某些单据的品名或单据上的某些要求以法语形式显示，这种要求通常应得到满足；来自日本的信用证也可能提出以法语标明某些内容，我们同样应做到；中国香港、澳门特别行政区的客户要求在某些单据上用繁体字列明商品的中文名称也是正常的要求；中英文对照的保险单和许可证等是能够被接受的；国际铁路运单以俄、中两种文字显示也是很正常的。

15. 适用范围：对内、对外、内外

与国际贸易活动有关的各种单据的适用范围是不一样的。有些只在国内流转（如报关单、核销单、货物托运委托书和开证申请书等）；对外使用的结汇单据的制作要求相对较高且必须英文制作；还有一些单据既可用于国内，又可对外出具，像发票这种国际贸易核心单据，对外结汇时必须提交，对内办理原产地证、保险、报关、检验、核销、退税和记账等手续时也是必备单据。

需要说明的是，上述的工作要点并非单证工作的全部，单证员在单证实际工作中应注

意举一反三，绝不可马虎大意。

1.3 单证工作的发展趋势

在对外经济贸易不断发展的形势下，近年来，随着我国进出口业务量的不断增加，进出口单证的工作量也在相应增加。由于国际贸易中所使用的单据极为复杂，种类繁多，因此，单证工作经常发生差错，造成延迟收款甚至收不到款的经济损失也极为可观。由此可见，传统的单据及其制作方式，已经成为影响国际贸易发展的障碍。要清除这种障碍，就必须对传统的单据进行改革，简化手续，取消不必要的环节，减少单据的种类和份数，规范单证的内容。统一单据格式，改进制单方法等已成为改革的具体侧重点。

随着国际贸易量逐年增长，新的做法不断涌现。例如，在运输方式上，由于集装箱运输的迅速发展，除传统的海运提单外，出现了不可转让海运单、租船合约提单和多式联运单据等；在贸易结算方式上，除信用证、托收、汇付外，还扩充了备用信用证、国际贸易证书（ITC）、保函和保理业务等，从而为国际贸易提供了新的银行信用，使国际贸易的多边化、信用化以及在日益激烈的市场竞争中采用灵活的付款方式，有了实现的可能；保险业务方面，也由原来的货物运输险，增加了D/P、D/A、中长期出口信用保险、商业可保利益险等信用保险业务，这些变化对单证工作提出了新的更高要求，也使单证的工作量不断增加，因此引起了国内外贸易组织的重视和普遍关注。早在20世纪50年代，国际上就出现过单证改革的浪潮。近年来，随着科学技术的进步，一些新的科技工具已逐步应用于贸易领域，为单证改革创造了条件。

瑞典是最早进行单据简化工作的国家，1955年开始着手进行，曾在1957年创造了一种“套合一致”的单据形式，仅此一项就使单据制作费用减少了70%，同时大大降低了单据的差错率。瑞典的实践引起了欧洲以至联合国有关组织的重视。1973年，联合国欧洲经济委员会将其拟制的《欧洲经济委员会单据设计样式》（EEC Lay-out Key）作为国际贸易单据标准格式，正式向世界各国推荐。1978年改名为《联合国贸易单据设计样式》（UN-layout Key for Trade Documents），由联合国出版并向全世界发行，这是一种为实现国际贸易单证标准化和采用“一次制单法”所设计的单证格式。这一样式可用于设计各种国际贸易单证格式，也适用于用各种方法缮制、复制、套印和应用电子数据处理。为了在世界范围内推动这一工作，联合国又专门拨款在联合国贸发会议中设置了一个名为“简化贸易程序特别项目”（Special Program on Trade Facilitation，FALPRO）的独立机构，专门从事研究此项工作。

迄今为止，简化单据工作已经取得了相当大的进展。除上述以外，还有《贸易单证中的代码位置》《套合式国际贸易发票设计样式》《简化运输标志》《国际贸易程序简化措施》等多个推荐项目在开展工作。

近年来，随着科学技术的进步，新的科技工具逐步应用于贸易领域。例如，单证方面，大量信用证的传递已运用到了环球银行金融电信协会（Society for Worldwide Interbank Financial Telecommunication，SWIFT）网络系统，国际电话（International Direct Dialing，IDD）和传真（Fax）技术也得到广泛应用。

目前，由于互联网（Internet）的兴起以及在全球的迅猛发展，作为互联网上应用最广泛的电子商务，正日益受到世界各国政府和企业界的重视。电子数据交换（EDI）作为电子商务的一项应用技术，在国际贸易中得到越来越多的采用，从而使国际贸易单证的缮制、处理、交接和传递出现了一系列变化。国际贸易已经开始进入“无纸贸易”的时代。

1．单证制作和管理的现代化

单证工作的现代化，是随着科学技术发展而来的必然结果。运输上的集装化，通信上的电子化，办公室案头工作的计算机化，已经引起国际贸易单证工作的很大改革。而单证的规范化和国际化，必将为单证制作的电脑化和单据传递电子化提供前提条件。随着 Fax 复印技术、计算机打印、电子邮件的广泛运用，单证工作及单证传递大大简化。把单证内容的各项资料编好程序，纳入电子计算机系统，利用电子计算机功能来制作单证，这一方法已经迅速普及推广。目前，国外不少公司、商号、银行就是采用这种方法制作单据，辅以复印机或影印机填印副本。我国的外贸专业公司也已基本采用电子计算机制作单据，有的还应用于信用证分析、信用证管理、交单日期的预报、运输数据的储存等方面，使计算机装置发挥多种功能。

现代化通信工作的开展给单证传递提供了便利。单证传真已可代替传统单证的寄送，电子数据传输技术使无纸张单据（Paperless Documentation）的设想有了实现的可能。

单证传递是通过现代通信手段实现的。例如，美国一些银行采用一种称为 ATP（Accelerated Trade Payment，加速贸易付款）的付款方法，银行与公司之间设有电信联机，使用相互约定的密码，通过电信把单证内容传递到对方，对方可从荧光屏幕上看到传来的单证内容，也可以从联印机中取得文字式的单证。

2．单证样式的标准化

传统的国际贸易程序，特别是国际贸易单证是由 19 世纪沿袭而来，其内容十分繁杂，而且形式多种多样，很不统一，在单据填制时还必须认真对待。然而每种单据尽管用途不一，但就其内容而言，大约有 80%是相同的，如货物名称、数量、收货人、发货人、起运地、目的地等。这些相同的内容，在每缮制一种单据时，就需一再重复地进行核对，如有填错、写错时，又需要逐一更正。这种做法不仅费时费力，而且极易出错。据联合国有关机构若干年前的统计，全世界每年耗于单证的经费支出可达 16 亿美元之巨，人力的消耗更是不可胜数。

美国国际贸易单证委员会曾做过调查，美国商人过去出口一批货物，要填写46种单据，其正、副本共360份，仅制单一项，就要花费36个多小时，平均制单费用竟占货物价值的7.5%左右。即使如此，还经常有差错以致影响收汇。

国际贸易单证标准化主要是指单证格式和所记录数据的标准化。1982 年联合国贸易简化委员会正式向联合国各成员国推荐使用《联合国贸易单证样式》，1985 年 ISO 将它采纳为国际标准，即《国际贸易单证样式》（ISO 6422）。在随后几年，联合国贸易简化委员会又相继推出了若干项有关国际贸易单证的国际标准，这些标准均以 ISO 6422 为基准。

为与国际惯例接轨，由中国标准化研究院高新所负责起草中国的“国际贸易单证样式”国家标准，该标准等同采用 ISO 6422，于 1993 年发布实施。《国际贸易单证样式 GB/T14392—1993》国家标准自发布以来，对于规范我国国际贸易单证格式，促进和规范国际贸易起到了非常重要的作用。2008 年由中国标准化研究院提出，经国家质量监督检验检疫总局批准，该项国家标准正在进行修订。

总之，采用符合国际标准的单证制作方式已是大势所趋，不可逆转。

3. 推广使用国际标准或代码

为了实现单证的简化和规范化，减少国际间单证方面的争执，促进国际贸易的发展，国际商会和联合国等有关国际贸易的国际组织就出口单证的国际化和标准化做了大量的工作。联合国设计推荐使用下列国际标准化代号和代码。

（1）运输标志（唛头）代码，由收货人简称、参考号、目的地和件号四个部分组成。

（2）国家和地区代码，由两个英文字母组成，如中国为 CN、英国为 GB、美国为 US。

（3）货币代号，由三个英文字母组成，前两个符号代表国名，后一个符号代表货币，如人民币 CNY、英镑为 GBP、美元为 USD。

（4）地名代码，由五个英文字母符号组成，前两个符号代表国名，后三个符号代表地名，如上海为 CNSHG、伦敦为 GBLON、纽约为 USNYC。

（5）用数字表示的日期代码，如 2016 年 10 月 9 日为 2016-10-09 等。

使用国际标准代号和代码有利于规范化和进行计算机处理，也是单证改革的一个方面。国际商会为单证的标准化、规范化做了近 70 年的努力，从最基本的国际贸易价格条件做起，到合约，再到保险、运输、银行信用证、无证托收、单证制作直到审单结算，至今，已制定了一系列规章及惯例。以信用证为例，它原先是一封长信的体裁，从 Dear Sirs 开始，直至开证行签名盖章结束，表达的句式都是重重叠叠的从句和复合句，令人费解。现在国际商会把它标准化、表格化了，使之简明扼要，一目了然。为进一步使之规范化，前几年，国际商会在其 416 号出版物中还明确规定了信用证的格式、长宽尺寸，以及开证申请书的格式等。就制单工作而言，他们也正在设计各种标准化的单据，使之表格化。同时减少单证份数，精简单证内容也正在逐步推广，如精简提单正本份数，取消领事签证发票，用商业发票代替海关发票等。使用正面没有船公司名称，背后没有详细条款的简式提单，这样出口商就不必保存不同船名的各种提单，在使用时，只要打上船公司的名称就可以了。至于提单背面的条款，可予以简化。

单证的简化工作，近年来发展迅速，世界上许多国家的商会或其他机构也设立单据委员会或单证标准化组织，研究和探讨有关单证制作的法律和具体技术问题。并且除了西方工业国外，新加坡、印度、泰国等国家和我国香港地区也取得了一些成果，根据有关专家的估计，实行联合国设计的国际贸易单据统一格式，可以节约整个贸易交易费用的 10%左右，制单时间由原来的 30 多个小时减少为 30 分钟。目前，世界各国正开展国际间的学术交流，指导和改进本国单据工作，提高本国单据的质量，从而促使本国单据被外国普遍认可，促进单据为本国对外贸易服务。

根据我国的外贸实际情况，我们需要引进有实用价值的科技成果，并吸收国外先进的工作经验，不仅在单证的技术操作上，而且在贸易程序上、组织设置上、管理制度上、工作方法上等多方面探索单证改革的路子，力求达到外贸单证工作的高质量、高效率，为发展我国的外贸事业，提高外贸的经济效益，发挥最大的作用。

综上所述，首先，要在思想上重视单证工作，改变对单证工作不够重视的思想，在认识上统一起来；其次，要在现有的情况下，积极创造条件，尽可能普遍地推广和采用计算机制单，以减轻单证人员的工作强度，提高工作效率，运用现有单证传递的先进方式，加速单证的流转、强化单证的审核，使单证差错消灭在发出之前，真正地达到正确、完整、及时、简洁和清晰的要求。随时注意国际动向，掌握新出版的有关单证国际惯例的精神实质，向标准化、国际化，现代化方向努力。

本章小结

1. 单证的分类有很多不同的方式，应充分理解掌握，考试中经常会涉及。

2. 单证制作的要点是缮制合格单据的前提，必须很好地理解，且应正确、完整、及时、简明、整洁。

3. 单证的统一，要求掌握国际统一的代称，如币别的代号、国家地区代码等。

练习题

一、单项选择题

1. 单证的缮制过程中，要求正确、完整、及时、简明、整洁，其中（　　）是单证工作的前提。

A．完整　　B．及时　　C．正确　　D．简明

2．各种单据中，（　　）的日期是关键，是确定其他单据日期的依据。

A．发票　　B．装箱单　　C．报关单　　D．提单

3．下列货币代码中，对人民币表述正确的是（　　）。

A．RMB　　B．CNY　　C．JPY　　D．HKD

4．狭义的单据是指（　　）。

A．单据和文件　　B．单据和信用证

C．信用证和证书　　D．凭证和文件

5．各种单据中，（　　）单据日期最早。

A．装箱单　　B．发票　　C．提单　　D．保险单

6．对保险单日期说法正确的是（　　）。

A．早于发票日期　　B．早于装箱单　　C．早于提单　　D．晚于提单

二、判断题

1．单证的三相符，最强调“单同相符”。（　　）

2．单证的完整性是指每一张单据填写完整。（　　）

3．单证的及时性是指及时交单。（　　）

4．及时交单是指在信用证有效期内交单。（　　）

5．发票的开立日可以早于信用证的开立日。（　　）

6．保险单的出具日可以与提单是同一天。（　　）

第 2 章　信用证的开立、审核与修改

【本章任务】

1. 填写开证申请书（拓展任务，课后完成）
2. 审核信用证（课内完成）
3. 确定信用证修改通知书（课内完成）
4. 撰写相关 E-mail（催证、审核结果沟通、信用证修改通知书的确定）

任务情境：2016 年 4 月 15 日，外贸业务部经理魏威要求单证员 YOYO 跟进印度新德里酒店开来的信用证，要求 YOYO 与新德里酒店的业务员 LiNa 联系，确定信用证能否在 5 月 10 日之前到达我方。YOYO 起草 E-mail 催促信用证的开立。4 月 25 日信用证到达我方，魏经理要求 YOYO 对信用证进行审核，4 月 26 日将审核结果 E-mail 给魏经理确认后发给 LiNa，YOYO 将最终的审证结果 E-mail 给了新德里酒店的业务员 LiNa，希望 LiNa 及时确认修改内容并将改证要求告知开证行。5 月 5 日，收到了中国银行深圳支行发来的信用证修改通知书，魏经理要求 YOYO 认真核对修改通知书与信用证审核结果的一致性并及时回复中国银行深圳支行。YOYO 发现信用证中交货日期提前到 10 月底，同时也不允许分批、转运。于是 YOYO 立即电话联系生产管理靳经理，靳经理告知生产日程表已经确定好了，11 月中旬才能全部生产完毕，不可能提前交货。YOYO 将事情告知魏经理。魏经理告知，如果更改交货期就等于更改合同了，不能更改；同时争取分批、转运，对我们灵活性更强。

2.1　信用证的开立

2.1.1　信用证的开立流程

信用证是当今国际贸易中的核心支付工具，也是我国进口业务中最主要的支付方式。在进口业务中，开证申请书是企业自行缮制的一项重要文件。开证申请书（Application Form）是买方（进口商）作为开证申请人委托开证银行开立以卖方（出口商）为受益人的信用证的法律文件，开证申请人与开证行之间的关系是以开证申请书的形式建立起来的一种合同

关系，双方的权利义务关系是根据该申请书确定的，如图 2-1 所示。

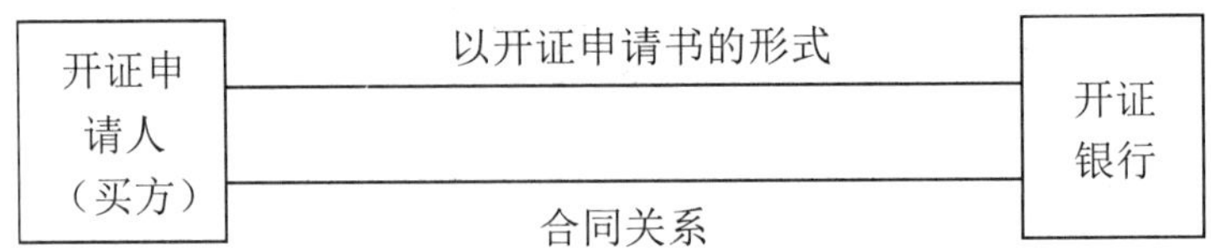

图 2-1　开证申请人与开证银行的关系

开证申请书一旦经银行承诺，即成为开证申请人与开证行的契约文件，具有法律效力。信用证开出之后，除非得到受益人（出口商）同意，不能擅自要求开证行修改或撤销；在开证行履行付款责任后，开证申请人应根据申请书的规定，在接到开证行的赎单通知后，及时将货款付给开证行，若单证不符，开证申请人有权拒绝赎取不符合信用证条款的单据，并拒付货款。

1．申请开立信用证的手续

申请开立信用证的具体手续有以下三点。

（1）递交有关合同的副本及附件

进口商在向银行申请开证时，要向银行递交进口合同的副本以及所需附件，如进口许可证、进口配额证和某些部门审批文件等。

（2）填写开证申请书

进口商根据银行规定的统一开证申请书格式，填写一式三份，其中，一份留业务部门，一份留财务部门，一份交银行。填写开证申请书，必须按合同条款的具体规定，写明信用证的各项要求，内容要明确、完整，无词意不清的记载。

（3）缴纳保证金

按照国际贸易的习惯做法，进口商向银行开立信用证，应向银行缴付一定比例的保证金，其金额一般为信用证金额的百分之几到百分之几十，一般根据进口商的资信情况而定。在我国的进口业务中，开证行根据不同企业和交易情况，要求开证申请人缴付一定比例的人民币保证金，然后银行才开证。

按现行规定，中国地方、部门及企业所拥有的外汇通常必须存入中国的银行。如果某些单位需要跟单信用证进口货物或技术，中国的银行将冻结其账户中相当于信用证金额的资金作为开证保证金。如果申请人在开证行没有账户，开证行在开立信用证之前很可能要求申请人在其银行存入一笔相当于全部信用证金额的资金。

2. 开立信用证需注意的事项

进口开证中开立信用证需注意的事项包含以下两点。

（1）申请开立信用证前，一定要落实进口批准手续及外汇来源。

（2）开证时间的掌握应在卖方收到信用证后能在合同规定的装运期内出运为原则。

3. 开证申请书的缮制

开证申请书应依据合同制作。

（1）开证申请书内容应该以合同为依据，品名、数量、单价、装运期、单据等应该对照买卖合同填写。如果信用证规定存在与买卖合同不一致之处，卖方有权要求买方修改信用证。若买方不修改信用证，就意味着买方未遵守合同，构成违约，卖方有权根据买方违约的程度要求索赔，或解除合同。为了避免增加额外的改证费用，耽误时间，进口企业应在开证申请书环节就把好第一关。

（2）如果买卖合同中对信用证条款规定较简单，一些信用证条款在合同中并未明确规定，则可以根据产品的贸易惯例，公平、合理地进行有关信用证条款的补充，明确合同中未规定的事项。例如，银行费用的划分、通知行、有效期、第三者单据等条款，常常未必会在买卖合同中明确规定，需要在信用证申请书中明确。同时，这些补充的条款不得与买卖合同中既有的条款有直接的矛盾或不一致。

（3）信用证申请书也需依据我国进口商品的有关政策法规要求制作，我国对于部分进口产品有一定的管理要求，应事先向海关、检验检疫局等口岸机关充分了解产品进口的有关管理规定，并在信用证申请书中做相应的约定，以免影响到商品的进口验放、征税。

2.1.2 开证申请书的缮制

开证申请书样单，如表2-1所示。

申请书样单具体内容如下。

（1）To（致）：填写开证行的名称。一般银行在开证申请书上会事先印就银行名称，所以无须填写。有些银行的Swift Code、Telex No.等也会显示。

（2）Date（申请开证日期）：在申请书右上角填写实际申请日期。

（3）Beneficiary（受益人）：填写受益人即合同卖方的全称及详细地址。

（4）Credit No.（信用证号码）：此栏由开证银行填写。

（5）Date and place of expiry（信用证的到期日和地点）：填写信用证的有效期及到期地点。

（6）Partial shipments（分批装运）：根据合同的实际规定在相应方框内打“×”。

表 2-1 开证申请书样单

IRREVOCABLE DOCUMENTARY CREDIT APPLICATION

To: BANK OF CHINA SHENZHEN BRANCH	Date: MAY 15, 2016
☐Issue by airmail ☐With brief advice by teletransmission ☐Issue by express delivery ☒Issue by teletransmission (which shall be the operative instrument)	Credit No. Date and place of expiry JULY 30, 2011 IN CHINA
Applicant EAST AGENT COMPANY ROOM 2401,WORLDTRADE MANSION, SANHUAN ROAD 47#, BEIJING, P. R. CHINA	Beneficiary (Full name and address) LPG INTERNATION CORPORATION *333 BARRON BLVD. , INGLESIDE , ILLINOIS* (UNITED STATES)
Advising Bank	Amount USD570,000.00 SAY U.S.DOLLARS FIVE HUNDRED AND SEVENTY THOUSAND ONLY
Partial shipments ☐allowed ☒not allowed | Transshipment ☐allowed ☒not allowed	Credit available with ANY BANK By
Loading on board/dispatch/taking in charge at/from NEW YORK Not later than JULY 15, 2011 For transportation to: XINGANG PORT, TIANJING OF CHINA	☐sight payment ☐acceptance ☒negotiation ☐deferred payment at against the documents detailed herein ☒and beneficiary's draft(s) for _100_ % of invoice value
☒FOB ☐CFR ☐CIF ☐or other terms	at_****_ sight drawn on

Documents required: (marked with ×)

1. (×) Signed commercial invoice in__3__copies indicating L/C No. and Contract No.
2. (×) Full set of clean on board Bills of Lading made out to order and blank endorsed, marked "freight [×] to collect / [ ] prepaid [ ] showing freight amount" notifying THE APPLICANT WITH FULL NAME AND ADDRESS.

( ) Airway bills/cargo receipt/copy of railway bills issued by ____________________ showing "freight [ ] to collect/[ ] prepaid [ ] indicating freight amount" and consigned to____________________.

3. ( ) Insurance Policy/Certificate in_____copies for_____% of the invoice value showing claims payable in ____________ currency of the draft, blank endorsed, covering All Risks, War Risks and ____________________.
4. (×) Packing List/Weight Memo in__3__copies indicating quantity, gross and weights of each package.
5. ( ) Certificate of Quantity/Weight in_______copies issued by ______________.
6. ( ) Certificate of Quality in_____copies issued by [ ] manufacturer/[ ] public recognized surveyor________________.
7. (×) Certificate of Origin in__2__copies .
8. (×) Beneficiary's certified copy of fax / telex dispatched to the applicant within__1__ days after shipment advising L/C No., name of vessel, date of shipment, name, quantity, weight and value of goods.

Other documents, if any

Description of goods:

MEN'S DENIM SHORT
COLOR: white
FABRIC CONTENT: 100% COTTON
QUANTITY:2000 CARTONS
PRICE TERM: FOB NEW YORK
COUNTRY OF ORIGIN AND MANUFACTURERS: UNITED STATES OF AMERICA, VICTORY FACTORY

Additional instructions:

1. (×) All banking charges outside the opening bank are for beneficiary's account.
2. (×) Documents must be presented within _10 days after date of issuance of the transport documents but within the validity of this credit.
3. ( ) Third party as shipper is not acceptable, Short Form/Blank back B/L is not acceptable.
4. ( ) Both quantity and credit amount____% more or less are allowed.
5. (×) All documents must be sent to issuing bank by courier/speed post in one lot.

( ) Other terms, if any

（7）Transshipment（转运）：根据合同的实际规定在相应方框内打“×”。

（8）信用证的传递方式有 Issue by airmail（信开）、With brief advice by tele-transmission（简电通知）、Issue by express delivery（快递）、Issue by tele-transmission (which shall be the operative instrument)（电传）四种，在选中的传递方式前的方框内打“×”。

（9）Loading on board/dispatch/taking in charge at/from、Not later than、For transportation to（装运条件）：根据合同规定分别填写装运地（港）和目的地（港）名称、最迟装运日期、转运地（港）名称。

（10）Amount (both in figures and words)（信用证金额）：分别用小写数字和大写文字两种形式填写信用证总金额，并注明币种。

（11）Description of goods（货物描述）：填写合同项下货物的品名、规格、包装、单价条款、数量、包装等。所有内容必须与合同规定完全一致。

（12）Credit available with（付款方式）：一般申请书上有 by sight payment（即期付款）、by acceptance（承兑）、by negotiation（议付）、by deferred payment（延期付款）四种方式，根据合同规定在要选择的方式前的方框内打“×”。如果是延期付款信用证，还应该在“at”之后加注延期付款的具体条件，如“收到单据××天后付款”等类似的语句。

（13）FOB、CFR、CIF or other terms（贸易条件）：合同以哪种贸易方式成交，则在相应的贸易术语前的方框内打“×”。如果是其他贸易条件，则应先在“other terms”前的方框内打“×”，然后再在该栏的空白处打上有关的贸易术语。

（14）Documents required（单据条款）：各银行提供的开证申请书中一般均有已印就的单据条款。单据条款通常为十几条，从上至下列举具体要求的单据，一般为发票、运输单据（提单、空运单、铁路运输单据及运输备忘录等）、保险单、装箱单、质量证书、装运通知和受益人证明书等，最后一条一般为“Other documents, if any（其他单据）”，可将此交易要求的上述单据外的其他单据的要求在此栏填写。

（15）Additional instructions（附加条款）：申请书中一般印有七条，其中第一至六条是具体的条款要求，如需要可在相应条款前的括号内填“×”。

（16）Account No.、Transacted by、Telephone No.、with ××(name of bank)、Applicant: name，signature of authorized person(with seal)（申请人签字盖章）。在申请书下面填写申请人的开户银行（银行名称）、账号号码、执行人、联系电话、申请人（法人代表）签字盖章等内容。

任务 1：根据第 1 章中的合同缮制开证申请书。

IRREVOCABLE DOCUMENTARY CREDIT APPLICATION

TO: Date:

□Issue by airmail □With brief advice by teletransmission □Issue by express delivery □Issue by teletransmission (which shall be the operative instrument)	Credit No. Date and place of expiry JULY 30, 2011 IN CHINA
Applicant	Beneficiary (Full name and address)
Advising Bank	Amount
Partial shipments □allowed □not allowed Transshipment □allowed □not allowed	Credit available with By
Loading on board/dispatch/taking in charge at/from not later than For transportation to:	□sight payment □acceptance □negotiation □deferred payment at against the documents detailed herein □and beneficiary's draft(s) for _ % of invoice value
□FOB □CFR □CIF □or other terms	at_____ sight drawn on

Documents required: (marked with X)

1. ( ) Signed commercial invoice in 3 copies indicating L/C No. and Contract No.
2. ( ) Full set of clean on board Bills of Lading made out to order and blank endorsed, marked "freight [X] to collect / [ ] prepaid [ ] showing freight amount" notifying ________________________________.
( ) Airway bills/cargo receipt/copy of railway bills issued by ______________________ showing "freight [ ] to collect/[ ] prepaid [ ] indicating freight amount" and consigned to____________________.
3. ( ) Insurance Policy/Certificate in_____ copies for______ % of the invoice value showing claims payable in __________ currency of the draft, blank endorsed, covering All Risks, War Risks and ________________________.
4. ( ) Packing List/Weight Memo in____ copies indicating quantity, gross and weights of each package.
5. ( ) Certificate of Quantity/Weight in________ copies issued by _________________.
6. ( ) Certificate of Quality in_____copies issued by [ ] manufacturer/[ ] public recognized surveyor________________.
7. ( ) Certificate of Origin in______ copies .
8. ( ) Beneficiary's certified copy of fax / telex dispatched to the applicant within_____ days after shipment advising L/C No., name of vessel, date of shipment, name, quantity, weight and value of goods.

Other documents, if any

Description of goods:

Additional instructions:

1. ( ) All banking charges outside the opening bank are for beneficiary's account.
2. ( ) Documents must be presented within 10 days after date of issuance of the transport documents but within the validity of this credit.
3. ( ) Third party as shipper is not acceptable, Short Form/Blank back B/L is not acceptable.
4. ( ) Both quantity and credit amount ______ % more or less are allowed.
5. ( ) All documents must be sent to issuing bank by courier/speed post in one lot.

( ) Other terms, if any

2.2　信用证的审核与修改

1．为什么要对信用证进行审核

完成信用证规定的义务，提交符合信用证规定的单据，是信用证受益人取得货款的前提。在实际工作中，由于受益人无法完成信用证要求（如软条款的要求）而导致银行不付款的情况时有发生；另外，由于信用证是一项自主文件的特点，信用证中的某些规定也可能出现与合同不符的情况，从而影响出口业务。

因此，为了保护受益人自身的利益，在受益人收到信用证后，必须对其进行全面审查，以及时发现信用证中存在的相关问题，保证顺利完成出口业务并为及时收回货款做好铺垫。

2．审核信用证的主体

根据信用证业务流程，开证行开立信用证后，通知行将首先对信用证的真实性进行鉴别，并及时将信用证通知给受益人。通知行本身并无审核信用证条款内容的义务，它的义务是保证通知给受益人的信用证是真实可信的。但是，在实际工作中，通知行出于保护受益人利益考虑，也会对开证行资信等影响信用证使用的重要内容进行审核，并在信用证上作相应批注。

受益人在收到信用证后，应对信用证的条款和内容进行严格审核。主要审核信用证与合同内容的一致性，以及信用证条款的可操作与可接受性。若信用证与合同不符或出现受益人无法办到，从而对受益人利益造成损害的条款时，应及时要求修改或取消。

信用证审核需注意的事项如下。

（1）读懂合同条款：货物描述、付款条款、装运条款、保险条款等。

（2）读懂信用证的每一个条款。

（3）细致认真的根据合同核对信用证相对应的条款，以合同为主审核信用证，找出信用证中与合同不相符的条款，并提出更改。

3．修改格式举例

（1）45A 中的价格术语 CIF GUANGZHOU 有误，应改为 CIF OSAKA，从而与合同规定一致。

（2）信用证中分批装运的规定与合同不符，应将 ALLOWED 改为 PROHIBITED。

任务 2：根据第 1 章中的合同审核信用证。

LETTER OF CRIDET

ISSUING BANK: CYPRUS POPULAR BANK LTD, INDIA
ADVISING BANK: BANK OF CHINA, SHANGHAI BRANCH.
SEQUENCE OF TOTAL *27: 1/1
FORM OF DOC. CREDIT *40A: IRREVOCABLE
DOC. CREDIT NUMBER *20: 186/04/10014
DATE OF ISSUE 31C:160305
EXPIRY *31D: DATE 160530 PLACE CHINA
APPLICANT *50: THE GRANDER NEW DELHI HOTEL INDIA
020 STRATIGOU TIMAGIA AVE.,
6046, NEW DELHI,
INDIA
BENEFICIARY *59: ONEIDA CO.,LTD.CATERING EQUIPMENT
22 ZHONGSHAN ROAD ,TIANHE,GUANGZHOU ,GUANGDONG
CHINA
AMOUNT *32B: CURRENCY HKD AMOUNT 18 630.00
POS. / NEG. TOL. (%) 39A: 07/07
AVAILABLE WITH/BY *41D: ANY BANK
BY NEGOTIATION
DRAFT AT … 42C: AT SIGHT
DRAWEE *42D: LIKICY2NXXX
*CYPRUS POPULAR BANK LTD
*LARNAKA
PARTIAL SHIPMENT 43P: NOT ALLOWED
TRANSSHIPMENT 43T: NOT ALLOWED
LOADING IN CHARGE 44A: SHANGHAI
FOR TRANSPORT TO…. 44B: LIMASSOL
LATEST DATE OF SHIP. 44C: 160210
DESCRIPT. OF GOODS 45A: TABLEWARE
CFR NEWDELHI
DOCUMENTS REQUIRED 46A:
+COMMERCIAL INVOICE IN QUADRUPLICATE ALL STAMPED

AND SIGNED BY BENEFICIARY CERTIFYING THAT THE GOODS ARE OF JAPANESE ORIGIN.

+FULL SET OF CLEAN ON BOARD BILL OF LADING MADE OUT TO ORDER OF SHIPPER AND BLANK ENDORSED, MARKED FREIGHT COLLECT AND NOTIFY APPLICANT.

+PACKING LIST IN TRIPLICATE SHOWING PACKING DETAILS SUCH AS CARTON NO AND CONTENTS OF EACH CARTON.

+CERTIFICATE STAMPED AND SIGNED BY BENEFICIARY STATING THAT THE ORIGINAL INVOICE AND PACKING LIST HAVE BEEN SENT TO APPLICANT BY COURIER SERVICE 2 DAY BEFORE SHIPMENT.

+SHIPMENT ADVICE WITH FULL DETAILS INCLUDING SHIPPING MARKS，CARTON NUMBERS，VESSEL'S NAME, BILL OF LADING NUMBER, VALUE AND QUANTITY OF GOODS MUST BE SENT ON THE DATE OF SHIPMENT TO US.

ADDITIONAL COND. 47A:

+INSURANCE IS BEING ARRANGED BY THE SELLER.

+USD50.00 DISCREPANCY FEE, FOR BENEFICIARY'S ACCOUNT, WILL BE DEDUCTED FROM THE REIMBURSEMENT CLAIM FOR PRESENTATION OF THE DISCREPANT DOCUMENTS UNDER THIS CREDIT.

+THIS CREDIT IS SUBJECT TO THE U.C.P. FOR DOCUMENTARY CREDITS (1993 REVISION) I.C.C., PUBLICATION NO. 600.

DETAILS OF CHARGES 71B: ALL BANK CHARGES OUTSIDE INDIA ARE FOR THE ACCOUNT OF THE BENEFICIARY.

PRESENTATION PERIOD 48: WITHIN 21 DAYS AFTER THE DATE OF SHIPMENT BUT WITHIN THE VALIDITY OF THE CREDIT.

CONFIRMATION *49: WITHOUT

审核结果：

1. ______________________________

2. ______________________________

3. ______________________________

4. ______________________________
5. ______________________________
6. ______________________________
7. ______________________________
8. ______________________________
9. ______________________________
10. ______________________________
11. ______________________________
12. ______________________________
13. ______________________________

4. 信用证审核要点

在受益人对信用证的条款和内容进行审核时，应尽可能详细和全面，避免出现遗漏而造成损失。在审核过程中，应特别注意对以下事项的审核。

（1）开证申请人、受益人的有关情况，主要是核对开证申请人和受益人的名称、地址、联络方式等是否存在错误。考虑到现在很多大型企业在不同城市或在同一城市有分支机构或办事处，虽然《UCP600》允许文件显示的受益人地址和 L/C 显示不一样（但必须同属一个国家），但是从实践来看，受益人应尽可能保证不出现此类错误。

（2）信用证是否可以撤销。不可撤销信用证是指开证行一经开出、在有效期内未经受益人或议付行等有关当事人同意，不得随意修改或撤销的信用证；只要受益人按该证规定提供有关单据，开证行（或其指定的银行）保证付款。

《UCP600》第三条 c 款的规定："信用证是不可撤销的，即使信用证中对此未作指示也是如此。"因此，根据《UCP600》的规定，信用证必须是不可撤销的。由于可撤销的信用证对于受益人的利益缺乏保证，所以遇到可撤销的信用证，必须要求开证申请人修改。须注意的是，不可撤销的信用证并非绝对不能撤销，在征得开证行、保兑行和信用证受益人同意的情况下，也是可以撤销和修改的。

（3）信用证是否已加具保兑。信用证是否须加具保兑，应在合同中明确地订立或在信用证开立之前确定。若无明确指明，信用证应为无保兑信用证。

（4）检查信用证有关金额的记载。如果在信用证中有商品数量和单价，应注意复核信用证总金额是否正确。当合同中存在"溢短装"条款时，应注意信用证金额是否满足溢装货物的货款要求，有时信用证根据合同条款对货物数量的规定，作了溢短装的规定，但信用证金额却没有作相应规定，这就导致了信用证项下数量与金额的规定不匹配，在这种情况下，受益人溢装货物的收汇是没有保证的。

特别提示： 溢短装问题并不是非改不可，但若不修改信用证，则要注意在发货时控制好货物数量，尽量不溢装货物，银行就可以支付小于信用证金额的款项，数额如果超过信用证金额，银行会拒付。

（5）检查信用证中对货物的描述是否正确，仔细查看包括货物名称、货号、规格、包装、合同号码等，如发现问题应及时更正，以免影响交货。

（6）检查信用证中有关时间的规定是否有误。例如，付款期、有效期、交单期和交货期等是否正确。信用证中应对付款、交货、交单等时间节点有明确规定，而且应该符合合同规定和业务流程的要求。交货期、交单期、有效期的时间排列上应有合理间隔。一般来讲，交单期与交货期之间、交单期与有效期之间应该至少有半个月以上的间隔才比较合理。有时，在信用证中会出现只规定信用证有效期，但是未规定交货期的情况。这种情况，在实际工作中称为“双到期”，也就是信用证的有效期和交货期在同一天。对于“双到期业务”，在操作时应特别注意在有效期前完成装运，给交单留有足够的时间。

（7）检查信用证中的运输条款，如装运港、目的港的规定是否与合同相符，分批装运与转运等规定是否符合合同要求。

特别提示： 根据惯例，如果信用证未对分批装运与转运有明确要求，则应该理解为允许分批和转运。

（8）检查信用证中的单据需求条款，注意对单据种类和份数的要求，以及保险条款（如投保险别、投保金额、投保加成等）与提单条款（如提单抬头的写法、运费、通知方等）单据特殊要求是否与合同规定一致，以及有无无法取得的特殊单据等。

（9）注意审核信用证中是否有软条款。所谓“软条款”是指开证申请人或开证行在信用证中加入的会使受益人丧失主动权，或免除开证行保证付款责任，在执行时可能给受益人的利益带来损失的条款。如要求“提单通知人以信用证修改书告知”，再如“付款须凭开证申请人通知开证行已收到货并证明货物数量符合合同的规定”，开证行要求“开证行的付款须待开证申请人授权的确认通知”等。这些条款受益人并不能控制，主动权完全在开证申请人手中，极有可能在将来付款时给受益人带来损失。

5. 信用证的修改

信用证的修改应通过开证申请人向开证行提出，在开证申请人同意修改信用证后，将向开证行发出修改信用证的指示。开证行将按开证申请人的指示对信用证相关条款进行修改，并通过原信用证的通知行向受益人发出信用证的修改通知书，受益人在收到修改通知后，可以选择接受或拒绝修改的通知。

例如，2015 年 4 月 15 日，深圳瑞轩有限责任公司接到买方开来的信用证，信用证规定的最迟装运期为 2015 年 5 月，与合同规定的最迟装运期 2015 年 6 月不相符，卖方通知买方要求修改信用证。于2015年6月装运，拿全套单据交银行议付，议付行拒付，理由是信用证规定的装运期是5月，6月装运不符合信用证的要求。卖方立即电告买方，得知买方没有要求修改信用证。卖方处于被动，不得不降价，买方才通知开证行放弃不符点，付款交单。

特别提示： 受益人只有接到通知行的信用证修改通知，信用证才能视为已经修改，否则原信用证条款仍具有效力。

6. 信用证的审核与修改方法举例

信用证审核的主要依据是销售合同。一般来讲，因为合同是买卖双方经过协商达成的一致意见，所以与合同不一致的条款应要求开证申请人修改。有时，信用证规定虽然与合同不符，但是我方可以完成相关要求，在不影响收汇的情况下，也可以酌情处理，不进行修改。

7. 信用证的修改流程

信用证的修改流程，如图2-2所示。

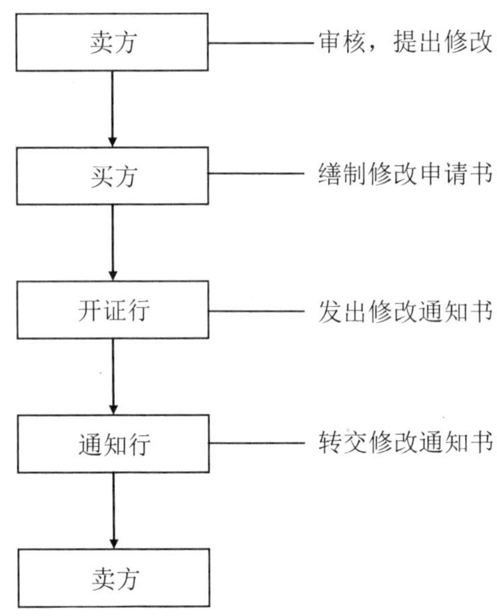

图2-2 信用证的修改流程

8. 信用证修改申请书的缮制

修改申请书的基本内容如表2-2所示。

表 2-2　信用证修改申请书

APPLICATION FOR AMENDMENT TO LETTER OF CREDIT
信用证修改申请书

No.of Credit Facility:　　　　　　　　　　Date:
授信额度编号：　　　　　　　　　　　　　日期：

To: China Merchants Bank　　　　　　　　Branch(Sub-Branch)
致：招商银行　　　　　　　分（支）行

L/C No.____________　　　　　　　　　Amount: ________
信用证号码：______________　　　　　　金额：__________

Amendment No.
修改次数（银行填写）：

Please amend the above L/C by Swift/Telex as follows <marked with (X) >:
请以SWIFT/电传方式修改上述信用证如下<注有（X）部分>：

(　　) Shipment date is extended to__________
(　　) Expiry date is extended to____________
(　　) Increasing/Decreasing credit amount by______________to______________

Others:
(　　)_________________________________

All other terms and conditions remain unchanged.
其余条款不变。

This amendment charges and fees if any, (　　)are for our a/c No. ______________
修改之手续费及电信费用，请从我司___________账号扣付。

(　　) are borne for beneficiary's account and will be deducted upon payment.
由受益人负担，将在付款时扣除。

Stamp and signature(s) of the applicant
申　请　人　签　章

Authorized Signature(s)and Company Chop

9．修改信用证的注意事项

（1）凡是需要修改的内容，应做到一次性提出。

（2）对于不可撤销信用证中任何条款的修改，都必须取得当事人的同意后才能生效。

（3）对于修改内容要么全部接受，要么全部拒绝，部分接受修改中的内容是无效的。

（4）受益人可以以书面做出接受或拒绝该信用证修改的通知，也可以以行动表示接受。

（5）收到信用证修改后，应及时检查修改内容是否符合要求，并分别情况表示接受或重新提出修改。

（6）信用证修改必须通过原信用证通知行通知才有效。

（7）明确修改费用由谁承担，一般按照责任归属来确定修改费用由谁承担。

本章小结

1．信用证的开立申请书一定要严格参照合同的内容缮制，开立申请书缮制错误将会导致信用证出错。

2．出口方在审核信用证的过程中，应该严格参照合同进行审核，充分衡量哪些是经过努力能做到的，哪些是做不到的，尽可能做到一次性、全面提出修改意见，对于经过努力能做到的，尽可能不修改，这样既能节省时间，同时也经济。

3．对于信用证修改申请书的内容应严格按照要求及规定的格式来缮制，卖方要充分了解信用证的修改流程，同时对于信用证修改书的内容要么全部接受，要么全部拒绝，不能选择性地只接受部分。

练习题

一、单项选择题

1．填写开证申请书，应明确对信用证的各种要求与合同条款的具体规定（　　）。

A．严格一致　　B．可以稍有不同

C．可以抛开合同　　D．可以超越合同

2．对于信用证的修改，下列说法正确的是（　　）。

A．不允许修改

B．买卖双方均可以直接要求开证行修改

C．信用证有效期内，信用证的修改需经过各方当事人的同意，由买方向开证行提出修改申请

D．银行可以单方面修改信用证

3．信用证具体内容的审核是由（　　）进行的。

A．通知行　　B．卖方
C．买方　　D．议付行

4．信用证修改后在（　　）生效。
A．卖方接受时　　B．银行发出修改时
C．自动　　D．卖方可以默认

5．信用证中英语“Date and place of expiry”（　　）。
A．表明信用证的到期日期和到期地点
B．表明信用证的到期地点一般在开证申请人所在地
C．表明可以推算出信用证的开立日期
D．表明信用证的到期日一般在交单期前面

6．信用证中双到期是（　　）。
A．信用证的交单期和有效期同一天
B．信用证的开立日和交单日同一天
C．信用证的开立日和有效期同一天
D．信用证没有到期日

二、判断题

1．信用证如果没有注明是否可撤销，则认为不可撤销。（　　）
2．信用证的开立时间越早越好。（　　）
3．信用证的到期日一般在交单日后 15 天。（　　）
4．信用证一般都要经过保兑。（　　）
5．信用证通知书一般由买方直接邮寄给卖方。（　　）
6．信用证的修改一般由卖方直接向开证行提出。（　　）

第3章　办理国际货物运输

【本章任务】

1．熟悉国际货物运输办理的流程。

2．填写托运单。

3．填写提单。

4．核算集装箱装运数量。

任务情境：2016年2月18日，魏经理收到通知行——中国银行广州支行转交过来的修改后的信用证。魏经理要求YOYO根据信用证要求的最晚装运期来安排船期。YOYO选择了与公司长期合作的中国远洋运输公司作为合作公司，与船公司的Marie取得了联系，要求Marie提供一份5月的船期表，根据船期表，YOYO选择5月25日为装运日并告知魏经理。魏经理要求YOYO与生产管理靳经理确定具体交货日。靳经理告知YOYO，5月20日能备货完毕。YOYO告知魏经理，魏经理建议提前到5月21日装运，这样能有较充足的时间准备相关单据，若船期出现问题，也有修改的余地。确定装运期后，魏经理要求YOYO与船公司联系，商议相关费用事宜，同时租用集装箱，要求YOYO在2月20日之前安排好运输相关事宜。

3.1　租船订舱手续办理流程

3.1.1　进/出口公司自主租船订舱

（1）进/出口公司填写托运单（Shipping Note），也称“订舱委托书”递送外运公司作为订舱依据。

（2）外运公司收到托运单后，审核托运单，确定装运船舶后，将托运单的配舱回单退回，并将全套装货单（Shipping Order）交给进/出口公司填写。

（3）审核“收货单”。货物经海关查验放行后，即由船长或大副签收“收货单”（又称大副收据，Mate Receipt）。收货单是由船公司签发给托运人，表明货物已装妥的临时收据。托运人凭收货单向外轮代理公司交付运费并换取正式提单。

3.1.2　货方委托货代租船订舱

（1）填写托运委托书。

（2）货代帮忙办理后续手续。

练习 1：根据国际商务单证整体设计中的合同及项目 2 中任务 2 修改后的信用证缮制一份托运单。

<table>
<tr><td colspan="5">出　口　货　物　订　舱　委　托　书</td><td>日期</td><td></td><td>月</td><td></td><td>日</td></tr>
<tr><td>1）发货人</td><td>4）信用证号码</td><td colspan="8"></td></tr>
<tr><td rowspan="3"></td><td>5）开证银行</td><td colspan="8"></td></tr>
<tr><td>6）合同号码</td><td></td><td>7）成交金额</td><td colspan="6"></td></tr>
<tr><td>8）装运口岸</td><td></td><td>9）目的港</td><td colspan="6"></td></tr>
<tr><td>2）收货人</td><td>10）转船运输</td><td></td><td>11）分批装运</td><td colspan="6"></td></tr>
<tr><td rowspan="3"></td><td>12）信用证有效期</td><td></td><td>13）装船期限</td><td colspan="6"></td></tr>
<tr><td>14）运费</td><td></td><td>15）成交条件</td><td colspan="6"></td></tr>
<tr><td>16）公司联系人</td><td></td><td>17）电话/传真</td><td colspan="6"></td></tr>
<tr><td>3）通知人</td><td>18）公司开户行</td><td></td><td>19）银行账号</td><td colspan="6"></td></tr>
<tr><td rowspan="2"></td><td colspan="9">20）特别要求</td></tr>
<tr><td colspan="9"></td></tr>
</table>

21）标记唛码	22）货号规格	23）包装件数	24）毛重	25）净重	26）数量	27）单价	28）总价

	29）总件数	30）总毛重	31）总净重	32）总尺码	33）总金额

34）备注

3.2 认识运输单据

1. 运输单据的作用

运输单据是托运人委托装运、交付货物后，由承运人或其代理签发的、证明收到货物并且证明货物已经装船或已经发运或已由承运人接受监管的单据。运输单据是证明货物已交承运人接管或已装上运输工具或已发运的书面凭证，某些运输单据还具有物权凭证的作用。在凭单交货的交易中，运输单据则是卖方证明已履行交货责任的主要依据。因此，在货款结算中，运输单据是非常重要的单据之一。

2. 运输单据的分类

（1）海洋运输单据。海洋运输单据主要包括海运提单（Ocean Bill of Lading，B/L）、租船提单（Carter Bill of Lading）和不可转让海运单（Non-negotiable Sea Waybill）。其中，海运提单是由承运人、船长或代理人签发，证明已收到指定的货物，并允诺将货物运至指定目的地交收货人的书面凭证，具有货物收据、运输合同证明、物权凭证的作用。不可转让海运单是海上运输合同的证明和货物收据，不是物权凭证，不能凭以提货，不能背书转让。租船运输是一种无固定船期、航线的不定期船运输，根据船东和承租人双方签订租船合同来实施运输。而由船方根据租船合同签发的提单就是租船合约提单。这类提单不能作为一个完整的独立文件，它受租船合同条款的约束，是否代表物权凭证完全取决于租船合同所订立的内容。租船合约提单只有在信用证允许使用的情况下才能使用。

（2）航空运输单据。航空运输单据是货物通过航空方式运输时，由航空公司或其代理人在接管货物后签发的一种货运单据。其主要包括航空主运单（Master Air Waybill，MAWB）和航空分运单（House Air Waybill，HAWB）。航空运输单据不是货权凭证，不能凭以提货，不能背书转让。

（3）陆空运输单据。陆路运输单据是当采用公路、铁路或内陆水运开展进出口业务时，由承运人或其代理人签发的单据。其主要包括公路联运运单（Through Road Waybill）、铁路联运运单（Through Rail Waybill）和承运货物收据（Cargo Receipt）。这些单据都不是物权凭证，也不能转让。

（4）邮政运输单据。邮政运输单据是由快递机构签发给托运人的运输单据。邮政收据是盖有邮戳的，由邮局签发的运输单据。其主要包括邮包收据（Post Receipt）、邮寄证明（Certificate of Posting）和快递收据（Courier Receipt）。

（5）联合运输单据。联合运输单据是指必须至少使用两种不同的运输方式，将货物从一国境内接管货物的地点运至另一国指定交付的地点。其主要包括多式联运单据（Multimodal Transport Documents，MTD）和多式联运提单（Combined Transport B/L，CTBL）。多式联运可以是由任意两种或两种以上运输方式组成，其单据分为可流通形式和不可流通两种形式。可流通形式的第一程必须是海运，此时多式联运单据具有物权凭证的作用，可以作为提货依据；而不可流通形式的第一程一般是陆/空运输，此时单据既不能背书转让，也不能作为提货依据。

3.3　运输单据的缮制方法

1. 海运提单的性质、作用和种类

（1）海运提单的性质和作用

海运提单（以下简称提单）是托运人向银行办理议付、结汇的主要单据之一，在运输业务的联系、费用的结算和对外索赔中都具有重要的作用。提单从本质上讲是货物的收据、物权凭证以及承运人与托运人之间所订运输合同的证明。具体地说，其主要作用如下。

① 提单是承运人已经按照提单所列内容收到货物的证明。

② 提单是收取费用的依据，运输途中可凭此来办理各种相关事宜。

③ 提单持有人凭提单可以在目的港的轮船公司提货，也可以在装货船舶到达目的港之前，通过合法转让海运提单而转移物权，或以此向银行办理抵押货款。

④ 提单是划分承运人和托运人之间权利和义务的重要依据，也是提单持有人进行索赔的重要依据。

（2）常见的海运提单的种类

① 已装船提单（Shipped B/L，Shipped on Board B/L）。已装船提单是指货物已经装上指定船只的提单。提单内注有“Shipped on Board”字样，并注明装货船名和装船日期。除集装箱运输或多式联运所使用的运输单据外，必须提供已装船提单，才能凭以结汇和提货。

② 备运提单（Received for Shipment B/L）。备运提单是表明货物已收妥但尚未装船的提单。提单内注有“Received for Shipment”字样，提单中只有签单日期，没有装运日期，一般不能凭以结汇和提货。待货物装上船后，提单应加装船批注，从而构成已装船提单。

③ 清洁提单（Clean B/L）。清洁提单是指在提单签发时未被加注任何货损或包装不良之类批注的提单。结汇时如无特殊规定必须提供这种提单。

④ 不清洁提单（Foul B/L）。这种提单上被加注有货物或包装缺陷的批语，如无特殊规定，一般不能凭以结汇。习惯上，托运人为取得清洁提单结汇，往往向承运人或其代理

人出具保函，以换取清洁提单。

⑤ 指示提单（Order B/L）。这种提单在“收货人”栏内填写“凭指示”（To order）或“凭×××指示”（To order of ×××），指示提单可以通过背书的方法转让给他人提货。

⑥ 记名提单（Straight B/L）。记名提单是由托运人指定收货人的提单。这种提单在收货人栏内填写具体的收货人名称。托运人不得在记名提单上背书转让，但指定收货人可以转让。由于记名提单失去了它代表货物所有权转让流通的便利，银行也不愿接受记名提单作议付的凭证，因此，一般只有运输贵重物品或展览品时采用。

⑦ 不记名提单（Blank B/L，Open B/L，Bearer B/L）。不记名提单是指在收货人栏内只填交与持有人（To Bearer）的提单。这种提单不需背书即可转让。但是一旦提单遗失或被盗，货物就很容易被他人提走，而且极易引起纠纷。因此，这种提单在实务中应避免使用。

⑧ 直达提单（Direct B/L）。直达提单是指在运输过程中直接将货物从启运港运至目的港中间不转船的提单，或称直运提单。如信用证规定不许转船，必须提供这种提单，银行才能给予结汇。

⑨ 转船提单（Transshipment B/L）。货物自启运港装船后必须在中途港口改换另一条船才能将货物运至目的港，按此条件签发的包括全程运输的提单称为转船提单。只有信用证规定允许转船的情况下才能提供这种提单。

⑩ 联运提单（Through B/L）。货物在运输过程中须经两种或两种以上运输方式（如海陆、海空、海海等）才能从启运港运至目的地，托运人只需在启运港办理一次手续即可得到一份包括全程的提单，这种提单叫联运提单。联运提单的货物承运人只负责本段运输，并负责将货物移交给下段运输的承运人。如果是海海联运提单，则与转船提单相同。

⑪ 联合运输提单（Combined Transport B/L）。联合运输提单又称集装箱提单，是（集装箱）联合运输经营人签发给托运人包括全程运输的提单。全程运输可以是一种运输方式，也可以包括多种运输方式。联合运输提单与联运提单的区别在于联合运输提单是联合运输经营人签发，其对全程运输负责，但他本人并不一定承担运输，而联运提单的签发人必须是货物承运人或其代理人，他只对本段运输负责；联合运输提单第一程不一定是海运，所以不一定要注明船名和装船日，而联运提单第一程必须是海运，且必须注明船名和装船日。

⑫ 海运单（Sea Way Bill）。海运单又称不可转让的海运单（Non-negotiable B/L），是承运人签发的用以证明海上运输合同以及货物已由承运人接管装载的凭据，是一种不可转让的运输单证。海运单的出现适应了 EDI 技术在国际贸易中广泛的使用，便于进口方及时提货、手续简便、节约费用，在一定程度上还可以防止有人以假单据行骗。

2．海运提单的内容及缮制方法

1）海运提单的内容

海运提单的内容分为正面内容和背面条款两部分，其中背面条款是印制好的固定内容。

国际公约和各国国内立法均对海运提单需要记载的内容做出了明确规定，以保证提单的效力。根据《中华人民共和国海商法》的规定，提单的主要内容包括：（1）货物的品名、标志、包装、件数、数量和体积以及运输危险货物时对危险性质的说明；（2）承运人的名称和营业地点；（3）船舶的名称；（4）托运人的名称；（5）收货人的名称；（6）装货港和在装货港接收货物的日期；（7）卸货港；（8）多式联运提单还要增加接收货物的地点和交付货物的地点；（9）提单的签发日期、地点和份数；（10）运费的支付；（11）承运人或者其代表的签字。

印刷在提单背面的条款通常是根据国际公约、各国法律和承运人规则而印制，对于托运人和承运人双方都有约束。不同的提单印制不同的条款，但基本条款相似，主要有以下几种。

（1）首要条款（Paramount Clause）和提单适用法。首要条款是明确提单所适用的法律的条款。

（2）定义条款（Definition Clause）。定义条款是对与提单有关的术语的含义和范围做出明确规定的条款。

（3）承运人责任条款（Carrier’s Liability Clause）。承运人责任条款是用以明确承运人承运货物过程中应承担的责任的条款。由于提单的首要条款规定了提单所适用的法律，而有关提单的国际公约或各国的法律规定了承运人的责任，所以，凡是列为首要条款或类似首要条款的提单都可以不再以明示条款将承运人的责任列于条款之中。

（4）承运人责任期间条款（Carrier’s Period of Responsibility Clause）。承运人责任期间条款是用以明确承运人对货物运输承担责任的开始和终止时间的条款。《中华人民共和国海商法》第四十六条规定：“承运人对集装箱装运的货物的责任期间，是指从装货港接收货物时起至卸货港交付货物时止，货物处于承运人掌管之下的全部期间。承运人对非集装箱装运的货物的责任期间，是指从货物装上船时起至卸下船时止。货物处于承运人掌管之下的全部期间。”另外，该条款还规定了承运人可以就非集装箱装运的货物在装船前和卸船后所承担的责任达成任何协议。

（5）承运人赔偿责任限制条款（Limit of Liability Clause）。承运人赔偿责任限制条款是用以明确承运人对货物的损坏和灭失负有赔偿责任应支付赔偿金时，承运人对每件或每单位货物支付的最高赔偿金额的条款。

（6）特定货物条款。特定货物条款是用以明确承运人在运输一些特定货物时应承担的责任和享有的权利，或为减轻或免除某些责任而做出规定的条款。在运输一些具有特殊性质或对运输和保管有特殊要求的货物时，就会在提单中找到类似的条款，如舱面货物（Deck Cargo）、危险货物（Dangerous Goods）、冷藏货物（Refrigerated Goods）、木材（Timber）、钢铁（Iron and Steel）、重大件（Heavy Lifts and Awkward）等特定货物条款。

此外，提单背面还列有分立契约，赔偿与抗辩，免责事项，承运人的运价表，索赔通知与时效，承运人的集装箱，托运人的集装箱，货方的责任，运费与费用，承运人检查货物，留置权，通知与交付，货主装运的整箱货，共同海损与救助，互有过失碰撞责任，管辖权，以及新杰森条款等。

提单样单，如表 3-1 所示。

2）海运提单的缮制

提单的内容是否符合要求，尤其是符合信用证的要求，直接关系到出口商的安全收汇问题。因此，提单的填制应当按照合同或信用证的要求，同时符合有关法律或国际惯例的规定。提单的主要项目及填写规范如下。

（1）Shipper：托运人，通常填出口商的公司名称和地址。若信用证有特别规定的，则按信用证规定填写。根据《UCP600》规定，除非信用证另有规定外，银行将接受表明以信用证受益人以外的第三者作为托运人或发货人的运输单据。

（2）Consignee：收货人，这一栏是提单的“抬头”，必须严格按有关规定填写，制作记名抬头、不记名抬头或指示抬头。

（3）Notify Party：通知方，一般为进口商或其代理人，并写明其详细地址及电传、电话号码，以便船舶到港后，承运人及时与其联系，作好报关提货准备。如果来证指定了被通知人，则按规定填写。

（4）Pre-carriage by：前程运输方式。如在海运以前还有第一程运输，填写第一程运输工具的名称。

（5）Place of Receipt：收货地点，指第一程运输时，货物装上运输工具地点。

（6）Ocean Vessel Voy. No.：填载货船舶的名称和航次。如需转船运输的，还须注明二程船船名。

（7）Port of Loading：装货港，填写实际装船港口的名称。如果信用证上装货港的规定比较笼统（如 China），在制作提单时，由于装货港已经确定，则应把具体的港口名称填上。

（8）Port of Discharge：填写卸货港的名称。如果是直达运输，卸货港就是最后的目的港。

（9）Place of Delivery：交货地，有些货物在卸货港卸下后还要使用其他运输工具运往内陆地点，则填写该票货物最终交付的地点名称。

表 3-1　提单样单

Booking No. :		B/L No.
1. Shipper Insert Name, Address and Phone		**COSCO CONTAINER LINES** TLX: 33057 COSCO CN FAX: +84(021) ×××× ×××× **ORIGINAL** **Port-to-Port or Combined Transport BILL OF LADING**
2. Consignee Insert Name, Address and Phone		
3. Notify Party Insert Name, Address and Phone (it is agreed that no responsibility shall attach to the Carrier or his agents for failure to notify)		RECEIVED in external apparent good order and condition except as otherwise noted. The total number of packages or units stuffed in the container, the description of the goods and the weights shown in the Bill of Lading are furnished by the Merchants, and which the carrier has no reasonable means of checking and is not a part of this Bill of Lading contract. The carrier has issued the number of Bills of Lading stated below, all of this tenor and date, one of the original Bill of Lading must be surrendered and endorsed or signed against the delivery of the shipment and whereupon any other original Bills of Lading shall be void. The Merchants agree to be bound by the terms and conditions of this Bill of Lading as if each had personally signed this Bill of Lading. SEE clause 4 on the back of this Bill of Lading (Terms continued on the back hereof, please read carefully) *Applicable Only When Document Used as a Combined Transport Bill of Lading
4. Combined Transport * Pre-carriage by	**5. Combined Transport* Place of Receipt**	
6. Ocean Vessel Voy. No.	**7. Port of Loading**	
8. Port of Discharge	**9. Combined Transport* Place of Delivery**	

10. Marks & Nos. Container .Seal No.	11. No. of containers or Packages	12. Description of Goods (If Dangerous Goods, See Clause20)	13. Gross Weight kg	14. Measurement m^3
	15. Description of Contents for Shipper's Use Only (Not part of This B/L Contract)		Shippers Load Stow and Count	

16. Total Number of Containers and /or Packages (in words)
Subject to clause 7 Limitation

17. Freight & Charges 23. Declared Value Charge	18. Revenue Tons	19. Rate	20. Per	21. Prepaid	22. Collect

Ex. Rate:	24. Prepaid at		25. Payable at		26. Place and Date of Issue
	27. Total Prepaid		28. No. of Original B(s)/L		29. Signed for the Carrier

LADEN ON BOARD THE VESSEL

30. DATE

（10）Marks & Nos.：运输标志，简称唛头。一般情况下，运输标志只有一个，有时也会有两个或更多，制单时照样打上。当运输标志过多以至提单上无法打全时，此栏在缮制时留空，由托运人提供打印好的唛头纸一式数份，并粘贴在此处。若该票货物没有运输标志，则在该栏注明“N/M”字样。

（11）Nos.and Kinds of Packages.：填写包装的材料和货物包装后的总件数。如货物为散装货或裸装货，应填上“In bulk”（散装）或“In bundle”（捆装）或“Nude cargo”（裸装）。

（12）Description of Goods：货物的描述，简称货描。一般应与合同或信用证上所列的货名相同。提单上的货物名称，根据《UCP600》规定，允许使用统称，而不必列出详细规格，但应注意不能与来证规定的货物名称有抵触。

（13）Gross Weight：毛重，填写货物装箱后的总重量，以千克（kg）为计量单位，并保留一位小数。

（14）Measurement：尺码，填写货物装箱后的总体积，以立方米（m^3）为计量单位，并保留三位小数。

（15）Description of Contents for Shipper's Use Only：仅供船方填写。

（16）Total number of Containers or Packages(in words)：用大写列明集装箱或包装的总件数，标准写法是：SAY…only，如 Say one hundred and twenty cartons only。

（17）Freight and Charges：运费和费用，此栏填写“运费预付”（Freight Prepaid）或“运费到付”（Freight to Collect）的情况。运费具体金额一般可不填写，除非信用证规定须列明该项费用金额。

（18）Revenue tons：计费吨数。

（19）Rate：运费率。

（20）Per：每单位的运费率。

（21）Prepaid：预付运费。

（22）Collect：运费到付。

（23）Declared Value Charge：申明价值。

（24）Prepaid at：运费预付地点。

（25）Payable at：运费到付地点。

（26）Place and Date of Issue：提单签发地点和日期，签发地点应填货物实际装船的港口名称，签发日期应与装船日期相同，即货物装船完毕的日期。

（27）Total Prepaid：预付总运费。

（28）NO.of Original B/L：正本提单的份数，应按信用证的要求签发。如果来证要求提供“Full set B/L”，一般签发1份或1份以上的正本提单。填写时，用英文数字表示，如Two 或 Three。

（29）Signed for the Carrier：承运人签字，提单只有经承运人签字后方为有效。若由承运人代理代签时，必须注明“as agent”字样。

练习 2：根据任务 1、2 的合同及信用证缮制一份提单。

Booking No. :		**B/L No.**
1. Shipper Insert Name, Address and Phone		**COSCO CONTAINER LINES** **TLX: 33057 COSCO CN** **FAX: +84(021) 4545 8984** **ORIGINAL** **Port-to-Port or Combined Transport** **BILL OF LADING**
2. Consignee Insert Name, Address and Phone		
3. Notify Party Insert Name, Address and Phone (it is agreed that no responsibility shall attach to the Carrier or his agents for failure to notify)		RECEIVED in external apparent good order and condition except as otherwise noted. The total number of packages or units stuffed in the container, the description of the goods and the weights shown in the Bill of Lading are furnished by the Merchants, and which the carrier has no reasonable means of checking and is not a part of this Bill of Lading contract. The carrier has issued the number of Bills of Lading stated below, all of this tenor and date, one of the original Bill of Lading must be surrendered and endorsed or signed against the delivery of the shipment and whereupon any other original Bills of Lading shall be void. The Merchants agree to be bound by the terms and conditions of this Bill of Lading as if each had personally signed this Bill of Lading. SEE clause 4 on the back of this Bill of Lading (Terms continued on the back hereof, please read carefully) *Applicable Only When Document Used as a Combined Transport Bill of Lading
4. Combined Transport * Pre-carriage by	**5. Combined Transport* Place of Receipt**	
6. Ocean Vessel Voy. No.	**7. Port of Loading**	

8. Port of Discharge	**9. Combined Transport* Place of Delivery**

10. Marks & Nos. Container .Seal No.	**11. No. of containers or Packages**	**12. Description of Goods (If Dangerous Goods, See Clause20)**	**13. Gross Weight kg**	**14. Measurement m^3**
	15. Description of Contents for Shipper's Use Only (Not part of This B/L Contract)		**Shippers load stow and count**	

16. Total Number of containers and /or packages (in words)
Subject to clause 7 Limitation

17. Freight & Charges **23. Declared Value Charge**	**18. Revenue tons**	**19. Rate**	**20. Per**	**21. Prepaid**	**22. Collect**

Ex. Rate:	**24. Prepaid at**		**25. Payable at**		**26. Place and date of Issue**
	27. Total Prepaid		**28. No. of Original B(s)/L**		**29. Signed for the Carrier,**

30. LADEN ON BOARD THE VESSEL

DATE

3. 海运提单的应用

1）提单的确认

提单的确认包括提单内容的确认和提单签发人、签发日期、签发地点、签发份数的确认。在信用证项下，提单的确认应严格做到“单单相符、单证相符和单货相符”，并符合《UCP600》有关运输单据的规定。

提单确认有以下两个环节。

（1）托运人在报关后开船前的确认

托运人在报关后，将提单的每一项内容按照托运单输入规定格式的电子提单中，然后打印成纸质“提单确认样张”。将此样张传真或电子传送给委托人，在载货船舶起航之前进行书面核对，及时修改，并将修改后的“提单确认样张”保存在规定的文档中。

（2）当货物装上船离境后的确认

将已经委托人确认后的“提单确认样张”打印在承运人规定格式的提单上，持凭有承运人签收的“场站收据”或持凭有 EDI 系统显示海关“已放关和货已装运”的装运记载，交由承运人盖章并签发正本提单。取得提单后应再核对承运人签发的日期、地点、份数，使签发的提单同时符合信用证要求和《UCP600》中对签单人的有关规定。

2）提单的背书

提单是“物权凭证”，不论是记名提单、不记名提单，还是指示提单，收货人在持凭提单换取提货单时都要在提单上载有提货意思的表示。通常由收货人在提单背面上盖章、签字。

按国际惯例记名提单不得转让；不记名提单无须背书即可转让，此单提货时的盖章、签字仅仅是记载提货的表示；指示提单必须经过记名背书或空白背书才可以转让，此单提货时的盖章、签字才是真正意义上提单的背书。背书的形式有以下几种。

（1）记名背书

记名背书是指背书人在提单背面写明被背书人（受让人）的名称，并由背书人签名的背书形式。经过记名背书的提单成为记名提单性质的指示提单。

（2）不记名背书

不记名背书也称为空白背书，是指背书人在提单背面由自己签名但不记载任何受让人的背书形式。经过空白背书的提单成为不记名提单性质的指示提单。

（3）指示背书

指示背书是指背书人在提单背面写明“凭×××指示”的字样，同时由背书人签名的背书形式。经过指示背书的指示提单还可以继续进行背书，但背书必须连续。

3）提单的更改

在实际业务中，有时货物已经装船，提单亦已签发，但由于某种原因，托运人或订舱人提出更改提单内容的要求。

一般来说，涉及提单更改的内容主要有：发货人、收货人和被通知人的更改；货物名称、件数、重量和尺码的更改；货物包装形式变更；运输标志的更改：卸货港的变更；运费支付形式的更改；运输条款的变更等。

托运人提出更改提单内容，应注意以下事项。

（1）对已签发的正本提单要求更改的，尽量赶在船舶开航之前办理，以减少因更改提单产生的费用和手续。

（2）若在船舶开航后，需要更改提单内容，必须提供正式的书面申请和保函及银行担保，并填写“提单更改单”，经船公司或部门领导确认后方可办理。修改后的提单必须明确通知船公司和中转港代理或卸货港代理。

（3）因提单的更改而需要重新签发提单的，托运人或订舱人应交还原先已签发的全套正本提单。

（4）对于提单缮制过程中出现的个别字母差错，在该字母的差错不影响该词或语句含义的，签单人可以加盖更正章予以更正。但每一份提单的更改最多为三处，否则必须重新缮制并签发。此外，船公司对手签提单的更改是从严掌握的。

4）《UCP600》对海运提单的相关规定（学生自学）

（1）无论其称谓如何，提单必须表面看来满足以下条件。

① 显示承运人名称并由下列人员签署。

✧ 承运人或承运人的具名代理或代表，船长或船长的具名代理或代表。

✧ 承运人、船长或代理的任何签字必须分别表明承运人、船长或代理的身份。

✧ 代理的签字必须显示其是否作为承运人或船长的代理或代表签署提单。

② 通过下述方式表明货物已在信用证规定的装运港装载上具名船只。

✧ 预先印就的措辞。

✧ 注明货物已装运日期的装船批注。

提单的出单日期将被视为装运日期，除非提单包含注明装运日期的装船批注，在此情况下，装船批注中显示的日期将被视为装运日期。

如果提单包含“预期船”字样或类似有关限定船只的词语时，装上具名船只必须有注明装运日期以及实际装运船只名称的装船批注来证实。

③ 注明装运从信用证中规定的装运港至卸货港。

如果提单未注明以信用证中规定的装货港作为装运港，或包含“预期”或类似有关限定装货港的标注者，则需要提供注明信用证中规定的装货港、装运日期以及船名的装船批注。即使提单上已注明印就的“已装船”或“已装具名船只”措辞，本规定仍然适用。

④ 系仅有的一份正本提单，如果出具了多份正本，应是提单中显示的全套正本份数。

⑤ 包含承运条件须参阅包含承运条件条款及条件的某一出处（简式或背面空白的提

单）者，银行对此类承运条件的条款及条件内容不予审核。

⑥ 未注明运输单据受租船合约约束。

（2）就本条款而言，转运意指在信用证规定的装货港到卸货港之间的海运过程中，将货物由一艘船卸下再装上另一艘船的运输。

（3）只要同一提单包括运输全程，则提单可以注明货物将被转运或可被转运。银行可以接受注明将要发生或可能发生转运的提单。即使信用证禁止转运，只要提单上证实有关货物已由集装箱、拖车或子母船运输，银行仍可接受注明将要发生或可能发生转运的提单。

（4）对于提单包含的声明承运人保留转运权利的条款，银行将不予置理。

5）倒签提单

倒签提单是指在货物装船完毕后，承运人或其代理人应托运人的要求，由承运人或其代理人签发提单，但提单上的签发日期早于该批货物实际装船完毕的日期，以符合信用证装运期的规定。这种倒填日期签发的提单称为倒签提单。

表面上倒签提单使得提单签发日期与信用证规定的装运期相吻合，方便了结汇，但它改变不了实际开航日期和抵达日期的真实情况。一旦这种倒签日期预先没有征得收货人同意而被发现，后果是严重的。承运人的这种倒签提单行为虽然在托运人的正式请求下进行，但也要承担由此带来的风险和责任。

6）过期提单

过期提单是指出口商取得提单后未能及时到银行，或过了银行规定的交单期限未议付而形成过期提单，习惯上也称为滞期提单。

按照《UCP600》规定，凡超过发运日期 21 个日历日后提交的提单为过期提单，但在任何情况下都不得迟于信用证的截止日。如信用证效期或信用证规定的交单期早于此限期，则以效期或规定的交单期为最后期限。

一般银行不接受过期提单，但过期提单并非无效提单，提单持有人仍然可持凭要求承运人交付货物。

7）预借提单

由于信用证发运日和截止日都将到期而货物因故尚未装船，或已开始装船尚未完毕，在这种情况下，托运人为了交单结汇往往向承运人或其代理人提出预先签发并借到“已装船提单”，这种行为称为预借，借得的提单称为预借提单。

预借提单必然是倒签提单，承运人承担的风险比倒签提单更大。按照许多国家的规定，承运人签发预借提单将丧失享受责任限制和免责的权利。

8）电子提单（Electronic Bill of Lading）

电子提单是为适应 EDI 需要而设计的非书面化提单，每个环节包括签发、通知、放货都是以电子报文和回执确认的方式进行。承运人在接收发货人货物后给予发货人一个收到货物的电子报文，该报文中除了纸质提单的正面全部内容外，还包括一个传输电子数据报文的“密码”，发货人收到后必须确认该项收讯，承运人或其代理人根据该项确认认可发货人为提单持有人。如果提单持有人要求承运人放货或指定收货人或向另一方转让货物时，都必须用含有该“密码”的电子数据报文通知承运人或其代理人。

电子提单转让时由原持有人向承运人发出通知并指明受让人的名称和详细地址，承运人据以向受让人发出电子数据回执，以示同意。如受让人电子数据确认接受转让，承运人销毁“原密码”，并向新收货人发出一个“新密码”以确认。电子提单每经过一次转让，都须换一个新密码。

电子提单的所有电子数据都通过 EDI 程序处理，其电子数据等同于书面形式。在承运人交货之前的任何时间，提单持有人都有权索要书面提单或保持电子提单。

9）电放提单

在货物装船完毕，承运人或其代理人已经签发了提单或已将提单交给了托运人，应托运人的要求，承运人或其代理人收回全套正本提单，并以电传、传真、电子文件、电报等形式通知其在卸货港代理将货交给提单收货人。这种操作方式称为“电放”，这种方式下的提单称为“电放提单”。在实际业务中，主要有以下两种形式。

（1）承运人或其代理人在每张正本提单上加盖“电放（Surrendered）或（Telex Release Original B/L）”字样的图章，并将盖章后的提单发送给承运人卸货港代理，凭以放货。

（2）承运人或其代理人收回全套正本提单，出具一张“息放电文”并发送给其卸货港代理，凭以放货。

值得注意的是，对于不记名提单或记名提单中收货人通信方式不详细者，以及运费未结清和提单正本份数不齐全者，承运人或其代理人不接受电放。

3.4　选择合适的集装箱

3.4.1　集装箱型号简介

集装箱（Container）是指具有一定强度、刚度和规格专供周转使用的大型装货容器。使用集装箱转运货物，可直接在发货人的仓库装货，运到收货人的仓库卸货，中途更换车、船时，无须将货物从箱内取出换装。现行的国际标准为第 1 系列共 13 种：其宽度均为 2 438mm，长度有 4 种（12 192mm、9 125mm、6 058mm 和 2 991mm），高度有 3 种（2 896mm、2 591mm 和 2 438mm）。

国际上通常使用的干货柜（Drycontainer）有以下几种型号。

（1）外尺寸为 20 英尺×8 英尺×8 英尺 6 英寸，简称 20 尺货柜（内径：5 898mm×2 352mm×2 390mm）。

（2）40 英尺×8 英尺×8 英尺 6 英寸，简称 40 尺货柜（内径：12 024mm×2 352mm×2 390mm）。

（3）45 尺高柜：内容积为 13.58m×2.34m×2.68m，配货毛重一般为 29t，体积为 86m^3。

（4）20 尺开顶柜：内容积为 5.89m×2.32m×2.31m，配货毛重 20t，体积为 31.5m^3。

（5）40 尺开顶柜：内容积为 12.01m×2.33m×2.15m，配货毛重 30.4t，体积为 65m^3。

（6）20 尺平底柜：内容积为 5.85m×2.23m×2.15m，配货毛重 23t，体积为 28m^3。

（7）40 尺平底柜：内容积为 12.05m×2.12m×1.96m，配货毛重 36t，体积为 50m^3。

3.4.2　集装箱交接方式

集装箱运输中，整箱货和拼箱货在船货双方之间的交接方式有以下几种。

（1）门到门（Door to Door）：由托运人负责装载的集装箱，在其货仓或厂库交承运人验收后，负责全程运输，直到收货人的货仓或工厂仓库交箱为止。

（2）门到场（Door to Cy）：由发货人货仓或工厂仓库至目的地或卸箱港的集装箱装卸区堆场。

（3）门到站（Door to Cfs）：由发货人货仓或工厂仓库至目的地或卸箱港的集装箱货运站。

（4）场到门（Cy to Door）：由起运地或装箱港的集装箱装卸区堆场至收货人的货仓或工厂仓库。

（5）场到场（Cy to Cy）：由起运地或装箱港的集装箱装卸区堆场至目的地或卸箱港的集装箱装卸区堆场。

（6）场到站（Cy to Cfs）：由起运地或装箱港的集装箱装卸区堆场至目的地或卸箱港的集装箱货运站。

（7）站到门（Cfs to Door）：由起运地或装箱港的集装箱货运站至收货人的货仓或工厂仓库。

（8）站到场（Cfs to Cy）：由起运地或装箱港的集装箱货运站至目的地或卸箱港的集装箱装卸区堆场。

（9）站到站（Cfs to Cfs）：由起运地或装箱港的集装箱货运站至目的地或卸箱港的集装箱货运站。

3.4.3　集装箱装量的计算

1. 一般性的计算方法

适用于比较精确确定纸箱在集装箱内的放置方法，从而能够计算出集装箱内具体的纸箱数量。这里需要指出的是所有纸箱的尺寸是规则的，并没有由于纸箱内装的货物太多而发生局部凸出的现象，同时所装的纸箱尺寸是相同的。纸箱一共有六个面，沿着集装箱内壁打横和打竖放为两种放置方法，一共有六种方法。

例 3-1　装箱条件：一批 T 恤产品出口，T 恤产品所用包装纸箱尺寸为长 580mm×宽 380mm×高 420mm，每箱毛重 20kgs，用 40 英尺钢质集装箱，箱内尺寸为长 12 050mm×宽 2 343mm×高 2 386mm，内容积 67.4m³，最大载重 27 380kgs，计算该集装箱最多可装多少个纸箱？

（1）按体积进行计算

纸箱放置方法一：纸箱的长、宽、高对应集装箱的长、宽、高（完全对称放）

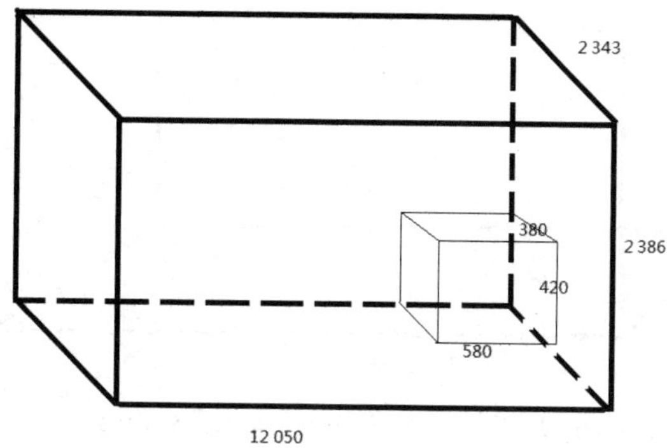

集装箱内尺寸：长×宽×高=12 050mm×2 343mm×2 386mm。

纸箱在集装箱内的对应位置：长×宽×高=580mm×380mm×420mm。

集装箱的长、宽、高分别除以纸箱的长、宽、高得：20.7×6.1×5.6。

去掉纸箱误差，集装箱可装纸箱数为：20×6×5=600（箱）。

总体积为：600×0.58×0.38×0.42=55.54（m^3）。

纸箱放置方法二：纸箱的宽、长、高对应集装箱的长、宽、高。

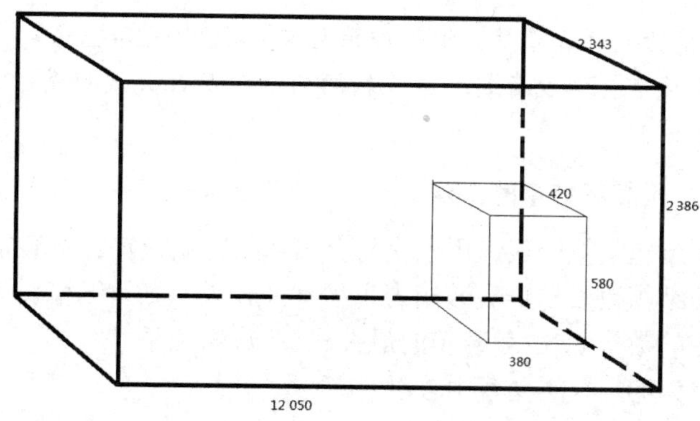

集装箱内尺寸：长×宽×高=12 050mm×2 343mm×2 386mm。

纸箱在集装箱内的对应位置：宽×长×高=380mm×580mm×420mm。

集装箱长、宽、高分别除以纸箱的宽、长、高得：31.7×4.0×5.6。

去除纸箱误差，集装箱可装纸箱数：31×4×5=620（箱）。

总体积为：620×0.38×0.58×0.42=57.39（m^3）。

纸箱放置方法三：纸箱的高、长、宽对应集装箱的长、宽、高。

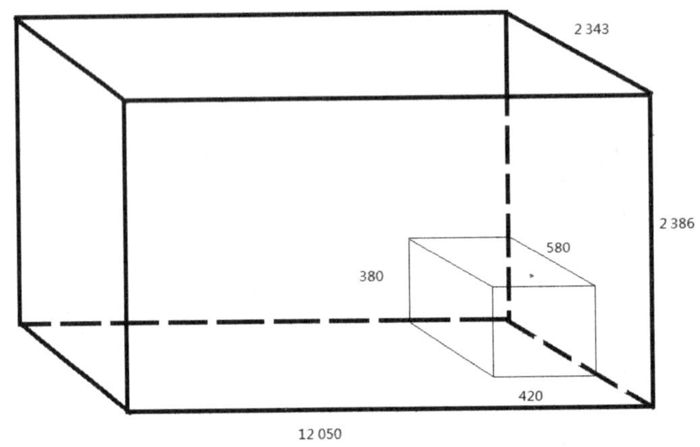

集装箱内尺寸：长×宽×高=12 050mm×2 343mm×2 386mm。

纸箱在集装箱内的对应位置：高×长×宽=420mm×580mm×380mm。

集装箱长、高、宽分别除以纸箱的高、长、宽：28.6×4.0×6.2。

去除纸箱误差，集装箱可装纸箱数为：28 × 4×6=672（箱）。

总体积为：672×0.42×0.58×0.38=62.20（m^3）。

小结：三种方法的总体积均小于集装箱的内容积 67.4m^3 的前提下，第三种方法是能放最多的 672 箱。

（2）按重量进行计算

纸箱数量=集装箱的最大载重量÷纸箱每箱毛重= 27 380÷20=1 369（箱）>672（箱）。

因此，在总体积及重量均没有超过集装箱的内容积及最大载重量的情况下，这个集装箱最多可以装 672 箱。

2. 快速估算集装箱装箱数量的方法

快速估算集装箱装箱数量一般适用于交易会等需要粗略快速计算装箱量的场合。

按体积算：可装纸箱数量 Q1=集装箱内容积×0.9 误差系数÷(纸箱长×宽×高)

按重量算：纸箱的数量 Q2≤集装箱的最大载重÷每箱毛重

则集装箱装箱量为 Q1、Q2 两者中较小者。

仍然采用例 3-1 的数据：

（1）按体积算

可装纸箱数量 Q1=67.4×0.9÷(0.58×0.38×0.42)=60.66÷0.093=652.3≈652（箱）。

（2）按重量算

可装纸箱数量 Q2=集装箱的最大载重量÷纸箱每箱毛重= 27 380÷20=1 369（箱）。

因为 Q1<Q2，所以最大装箱数为 652 箱。

3.5　其他运输单据缮制方法的简要介绍

3.5.1　不可转让海运单

不可转让海运单是海上运输合同的证明和货物收据，它不是物权凭证，不可背书转让。从作用上看，提单是承运人收到托运人货物的收据；是承运人与托运人之间运输合同契约的证明；是收货人在货物到达地提取货物的物权凭证。作为物权凭证，海运提单是可以转让的运输单据。而海运单不是物权凭证，不可以背书转让。从内容上看，提单有正反两面内容，而海运单仅有正面内容。提单的背面一般印有各种条款，受国际规则《海牙规则》《海牙/维斯比规则》《汉堡规则》等制约。提单中托运人是运输契约的关系人，有权对承运人提出任何主张。但是不可转让的海运单背面一般没有任何条款，海运单中的托运人无权对承运人提出任何主张。

如果信用证没有表示可接受不可转让海运单时，银行不能接受。不可转让的海运单正面内容与提单基本一致，其主要内容和缮制规范不再赘述。

目前，不可转让海运单在货运代理公司的拼箱业务中，或跨国总公司与其子公司，或与其相关公司间采用汇付、托收结汇方式时使用较多，对于贸易双方交往悠久、彼此信任、关系密切的业务，货物价值低、数量少，或样品的业务和出口商已收到买方部分或全部货款的业务，也常采用海运单。

3.5.2　航空运单

航空运单是航空运输公司及其代理人（即承运人）签发给托运人表示已收妥货物并接受托运的货物收据。航空运单也是承运人与托运人之间签订的运输契约，不仅应有承运人或其代理人签字，还必须有托运人签字。航空运单还可作为核收运费的依据和海关查验放行的基本单据。但是它不同于提单，不能凭以提取货物，也不能背书转让，并且必须做成记名抬头。

航空运单正本一式三份，分三种颜色：蓝色的交托运人，绿色的承运人留存，粉红色的随货同行，在目的地交于收货人。副本至少六份，有需要还可增加份数，分别发给代理人，目的港，第一、第二、第三承运人和用作提货收据。副本除提货收据为黄色，其余均为白色。

航空运单与海运提单类似也有正面、背面条款之分，不同的航空公司也会有自己独特的航空运单格式。但各航空公司所使用的航空运单大多借鉴IATA推荐的标准格式，差别不大，在此介绍一下主要的栏目内容。

（1）货运单号码（the Air Waybill Number）

货运单号码应清晰地印在货运单的左右上角及右下角。编号的前三位是国际航空运输协会（International Air Transport Association，IATA）统一编制的航空公司代码，如我国的国际航空公司的代码就是999；后面的数码是由航空公司填写的货运单序号及检验号。

（2）始发站机场（Airport of Departure）

需填写IATA统一制定的始发站机场三字代码（如果始发地机场名称不明确，可填制机场所在城市的IATA三字代码）。

（3）托运人栏（Shippers Name and Address）

填写托运人姓名（名称）、地址、国家（或国家两字代号）以及托运人的电话、传真、电传号码等联络方法。信用证方式下必须与受益人名称地址一致。

（4）发货人账号（Shippers Account Number）

不需填写，除非承运人需要。

（5）收货人姓名、住址（Consignee’s Name and Address）

应填写收货人姓名（名称）、地址、所在国家（或国家两字代号）以及收货人的电话、传真、电传号码等联络方法。与海运提单不同，因为航空运单不可转让，所以“凭指示”之类的字样不得出现。

（6）收货人账号（Consignee’s Account Number）

同（4）一样，只在必要时填写。

（7）承运人代理的名称和所在城市（Issuing Carder’s Agent Name and City）

若运单由承运人的代理人签发时，本栏填写实际代理人的名称及城市名；如果运单直接由承运人本人签发时，此栏可不填。

（8）代理人的IATA代号（Agent’s IATA Code）

代理人的国际航协代号，一般可不填。

（9）代理人账号（Account Number）

此栏一般不需填写，除非承运人需要。

（10）始发站机场及所要求的航线（Airport of Departure and Requested Muting）

填写与（2）中一致的始发站机场或所在城市的名称即可。

（11）运输路线和目的站（Muting and Destination）

✧　至（第一承运人）To（by First Carrier）

如无转运，填写目的站机场名称；如需转运，填写第一个转运点的 IATA 三字代码；by First Carrier，填写第一承运人的全称或 IATA 两字代码。

✧　至（第二承运人）To（by Second Carrier）

填写目的站机场或第二个转运点的 IATA 三字代码；by Second Carrier，填写第二承运人的全称或代码，依此类推。

（12）财务说明（Accounting Information）

填写与费用结算有关的事项。货物到达目的站无法交付收货人而需退运的，应将原始货运单号码填入新货运单的本栏内。

（13）货币（Currency）

填写始发国的 ISO（国际标准化组织）货币代码。

（14）运费代号（CHGS Code）

表明支付方式，一般不需填写。

（15）运费及声明价值费（Weight Charge/Valuation Charge，WT/VAL）

WT/VAL 航空运费（根据货物计费重量乘以适用的运价收取的运费）和声明价值费。声明价值费（Valuation Charge）是指下面（16）项向承运人申报价值时，必须与运费一起交付声明价值费。若该栏费用是预付，则在 PPD（Prepaid）栏内打“×”；若是待付，则在 COLL（Collect）栏内打“×”，此栏应注意与（12）项保持一致。

（16）其他费用（Other）

在始发站的其他费用预付和到付。

（17）供运输用声明价值（Declared Value for Carriage）

此栏填入发货人要求的用于运输的声明价值，一般可按发票金额填写。如果发货人不要求声明价值，则填入“NVD（No Value Declared，无申报价值）”。

（18）海关声明价值（Declared Value for Customs）

此栏所填价值是提供给海关的征税依据。当以出口货物报关单或商业发票作为征税标准时，可不填或填写“AS PER INV.”；如果货物系样品等数量少且无商业价值时，可填写“NCV”（No Customs Valuation），表明没有商业价值。

（19）目的地机场（Airport of Destination）

填写最终目的地机场的全称。

（20）航班及日期（Flight/Date）

一般不需填写，除非参加运输各有关承运人需要。

（21）保险金额（Amount of Insurance）

只有在航空公司提供代保险业务而客户也有此需要时才填写。

（22）运输处理注意事项（Handling Information）

填写需要注明的内容。如被通知人、飞机随带的有关商业单据名称、包装情况、发货人对货物在途时的某些特别指示、对第二承运人的要求等。

（23）货物件数和运价组合点（No.of Pieces，RCP，Rate Combination Point）

填入货物包装件数。如 10 包即填“10”。如果使用非公布直达运价计算运费时，在件数的下面还应打印运价组合点城市的 IATA 三字代码。

（24）毛重（Gross Weight）

适用于运价的货物实际毛重（以千克（kg）为单位时可保留至小数点后一位）。

（25）重量单位（kg/lb）

以千克为单位用代号“K”；以磅为单位用代号“L”。

（26）运价等级（Rate Class）

针对不同的航空运价共有以下十种代码。

M——最低运费（Minimum Charge）。

N——5kg 以下（或 100kg 以下）货物适用的普通货物运价（Normal Rate）。

Q——45kg 以上货物适用的普通货物运价（Quantity Rate）。

C——指定商品运价（Specific Commodity Rates）。

R——等级货物附减运价（Class Rate Reduction）。

S——等级货物附加运价（Class Rate Surcharge）。

U——集装化设备基本运费或运价（Unit Load Device Basic Charge or Rate）。

E——集装化设备附加运价（Unit Load Device Additional Rate）。

X——集装化设备附加说明（Unit Load Device Additional Information）。

Y——集装化设备折扣（Unit Load Device Discount）。

（27）商品代码（Commodity Item No.）

在使用特种运价时，需要在此栏填写商品代码。使用指定商品运价时，该栏打印指定商品品名代号；使用等级货物运价时，此栏打印附加或附减的比例（百分比）；如果是集装货物，打印集装货物运价等级。

（28）计费重量（Chargeable Weight）

此栏填写航空公司据以计算运费的计费重量，该重量可以与货物毛重相同，也可以不同。

（29）运价（Rate/Charge）

填写该货物适用的费率。

（30）运费总额（Total）

填计收运费的总额，即计费重量与适用费率的乘积。

（31）货物的品名、数量，含尺码或体积（Nature and Quantity of Goods Incl. Dimensions or Volume）

填写合同或信用证中规定的货物的名称和数量（数量指尺码或体积）。尺码应以厘米或英寸为单位，尺寸分别以货物最长、最宽、最高边为基础；体积则是上述三边的乘积，单位为立方厘米或立方英寸。

（32）计重运费，预付或待付（Weight Charge，Prepaid/Collect）

在对应的“预付”或“到付”栏内填写按重量计算的运费额。

（33）声明价值费、税费（Valuation Charge，Tax）

声明价值费和适用的税款与货物计重运费一起必须全部预付或到付。

（34）其他费用（Other Charges）

其他费用指除运费和声明价值附加费以外的其他费用。根据 IATA 规则各项费用分别用三个英文字母表示。其中前两个字母是某项费用的代码，第三个字母是 C 或 A，分别表示费用应支付给承运人（Carrier）或货运代理人（Agent）。

（35）代理人收取的其他费用（Total Other Charges Due Agent）

预付或到付由代理人收取的其他费用。

（36）承运人收取的其他费用（Total Other Charges Due Carrier）

预付或到付由承运人收取的其他费用。

（37）预付费用总额/到付费用总额（Total Prepaid/Total Collect）

预付或到付的运费及其他费用总额。

（38）托运人签字栏（Signature of Shipper or His Agent）

打印托运人名称并令其在本栏内签字或盖章。

（39）承运人填写栏

一般填写三方面内容，包括签发本运单的日期、地点和承运人或代理人签字。签发运单的日期也就是本批货物的装运日期，如果信用证规定运单必须注明实际起飞日期，则以该所注的实际起飞日期作为装运日期，本栏的日期不得晚于信用证规定的装运日期。签发运单的地点指飞机场或装运地城市的全称或缩写。承运人或其代理人签字，和提单一样，需表明签字人的身份。如果是承运人签字，需加注“AS CARRIER”；如果是代理人签字，需加注“AS AGENT”。

3.5.3　铁路运单

铁路运单是铁路运输合同的证明，是承运人收到货物的证据和交货凭证。其主要包括以下内容。

（1）单据名称（Title）

根据《UCP600》规定，铁路运单，无论名称如何，必须表明承运人名称，并由承运人或其具名代理人签署，或者由承运人或其具名代理人的签字、印戳或批注表明货物收讫，并表明信用证规定的发运地和目的地，银行可以接受。

（2）发货地和目的地（Place of Receipt and Place of Delivery）

根据《UCP600》规定，铁路运单，必须表明信用证规定的发运地和目的地。

（3）收货人（Consignee）

如果信用证没有特殊规定，这类单据必须制成记名抬头，不允许指示抬头或空白抬头。

（4）转运条款（Transshipment Terms）

公路、铁路或内陆水运中的转运是指从信用证规定的发运、发送或运送地点到目的地之间的运输过程。在同一运输方式中从一运输工具卸下再装上另一运输工具的行为。

根据《UCP600》规定，只要全程运输由同一运输单据涵盖，铁路运单可以注明货物将要或可能被转运。即使信用证禁止转运，注明将要或者可能发生转运的铁路运单仍可接受。

（5）正本（Original）

根据《UCP600》规定，铁路运输单据必须看似为开给发货人或托运人的正本，或没有任何标记表明单据开给何人。注明“第二联”的铁路运输单据将被作为正本接受。无论是否注明正本字样，铁路或内陆水运单据都被作为正本接受。如运输单据上未注明出具的正本数量，提交的份数即视为全套正本。

（6）出具日期和发运日期（Issuing Date and Shipment Date）

根据《UCP600》规定，铁路运单的出具日期将被视为发运日期，除非运输单据上盖有带日期的收货印戳，或注明了收货日期或发运日期。

（7）签发或证实（Sign or Authenticate）

根据《UCP600》规定，铁路运单，表明承运人名称并由以下人员签署。

- ✧ 承运人或其具名代理人，或承运人或其具名代理人以签字、印戳或批注表明货物收讫。
- ✧ 承运人或其具名代理人的收货签字、印戳或批注必须标明其承运人或代理人的身份。代理人的收货签字、印戳或批注必须标明其代理人系代表承运人签字或行事。

（8）更正处（Correction）

铁路运单的更正处必须有承运人或其具名代理人的证实或小签。

3.5.4 公路运单

公路运单是公路运输合同的证明，是承运人收到货物的初步证据和交货凭证。其主要包括以下内容。

（1）单据名称（Title）

根据《UCP600》规定，公路运单，无论名称如何，必须表明承运人名称，并由承运人或其具名代理人签署，或者由承运人或其具名代理人的签字、印戳或批注表明货物收讫，并表明信用证规定的发运地和目的地，银行都可以接受。

（2）发货地和目的地（Place of Receipt and Place of Delivery）

根据《UCP600》规定，公路运单，必须表明信用证规定的发运地和目的地。

（3）收货人（Consignee）

如果信用证没有特殊规定，这类单据必须制成记名抬头，不允许指示抬头或空白抬头。

（4）转运条款（Transshipment Terms）

公路、铁路或内陆水运中的转运是指从信用证规定的发运、发送或运送地点到目的地之间的运输过程，在同一运输方式中从一运输工具卸下再装上另一运输工具的行为。

根据《UCP600》规定，只要全程运输由同一运输单据涵盖，公路运单可以注明货物将要或可能被转运。即使信用证禁止转运，注明将要或者可能发生转运的公路运单仍可接受。

（5）正本（Original）

根据《UCP600》规定，公路运输单据必须看似为开给发货人或托运人的正本，或没有任何标记表明单据开给何人。注明“第二联”的铁路运输单据将被作为正本接受。无论是否注明正本数量，铁路或内陆水运单据都被作为正本接受。如运输单据上未注明出具的正本数量，提交的份数即视为全套正本。

（6）出具日期和发运日期（Issuing Date and Shipment Date）

根据《UCP600》规定，公路运单的出具日期将被视为发运日期，除非运输单据上盖有带日期的收货印戳，或注明了收货日期或发运日期。

（7）签发或证实（Sign or Authenticate）

根据《UCP600》规定，公路运单，表明承运人名称并由以下人员签署。

- ✧ 承运人或其具名代理人，或承运人或其具名代理人以签字、印戳或批注表明货物收讫。
- ✧ 承运人或其具名代理人的收货签字、印戳或批注必须标明其承运人或代理人的身份。代理人的收货签字、印戳或批注必须标明其代理人系代表承运人签字或行事。

（8）更正处（Correction）

公路运单的更正处必须有承运人或其具名代理人的证实或小签。

3.5.5　国际多式联运单证

在世界经济迅猛发展的今天，国际贸易方式、货物交接方式、交接时间、交接地点、交接者和费用结算方式等方面都随之发生了许多变化，一直占据主要地位的海运方式随之也被注入了许多新的联合运输内容，包括海空联运、海铁联运、空陆联运、陆海联运等多种国际联运方式。

国际多式联运是指按照国际多式联运合同，以两种或两种以上不同的运输方式，由多式联运经营人将货物从一国境内接管货物的地点运至另一国境内指定交付货物的地点。

多式联运单据（Multimodal Transport Document）是涵盖至少两种不同运输方式，由多式联运经营人或其具名代理人签发，用于证明多式联运合同货物已由多式联运经营人接管并承运，以及多式联运经营人据以保证交付货物的运输单据。多式联运单据内容和缮制要求有以下几点。

（1）单据名称（Title）

根据《UCP600》规定，涵盖至少两种不同运输方式的运输单据（多式或联合运输单据），无论名称如何，表明承运人名称并由承运人、船长或其具名代理人签署的，表明货物已被发送、接管或已装运的运输单据，都是多式联运单据。

（2）收货地和目的地（Place of Receipt and Place of Delivery）

根据《UCP600》规定，通过事先印就的文字，或者表明货物已经被发送、接管或装运日期的印戳或批注，都表明货物已经在信用证规定的地点发送、接管或已装运。因此，有时单据上的收货地或目的地不同于装货港、起运机场、装货地点或卸货港、目的地机场，它是具体的地名。

根据《UCP600》规定，即使多式联运单据另外还载明了一个不同的发送、接管或发运地点或最终目的地，或者该运输单据载有“预期的”或类似的关于船只、装货港或卸货港的限定语，只要表明信用证规定的发送、接管或发运地点，以及最终目的地，银行仍可接受。

（3）预期船只和预期港口（Intended Vessel and Intended Port）

在多式联运单据中允许载有“预期船只”、“预期装货港”或“预期卸货港”，或类似于关于船只、装货港或卸货港的限定语，只要表明信用证规定的发送、接管或发运地点，以及最终目的地，仍可接受。无须像海运提单那样加注已装船批注和船名或港口名。

（4）转运条款（Transshipment Terms）

多式联运的转运是指从信用证规定的发送、接管或者发运地点至最终目的地的运输过程中从某一运输工具上卸下货物并装上另一运输工具的行为（无论其是否为不同的运输方式）。

根据《UCP600》规定，运输单据可以表明货物将要或可能被转运，只要全程运输由同一运输单据涵盖。即使信用证禁止转运，注明将要或者可能发生转运的运输单据仍可接受。

（5）承运条款（Shipment Terms）

根据《UCP600》规定，载有承运条款和条件，或提示承运条款和条件参见别处（简式/背面空白的运输单据），银行将不审核承运条款和条件的内容。

（6）出具日期和发运日期（Issuing Date and Shipment Date）

根据《UCP600》规定，多式联运单据的出具日期将被视为发送、接管或装运的日期，也即发运的日期。然而，如果单据以印戳或批注的方式表明了发送、接管或装运日期，该日期将被视为发运日期。

（7）签发或证实（Sign or Authenticate）

根据《UCP600》规定，多式联运单据，必须表明承运人名称并由以下人员签署或证实。

① 承运人或其具名代理人，或船长或其具名代理人。

② 承运人、船长或代理入的任何签字，必须标明其承运人、船长或代理人的身份。代理人签字必须表明其系代表承运人还是船长签字。

（8）更正处（Correction）

多式联运单据的更正处必须有承运人、船长或其具名代理人的证实或小签。

3.5.6　邮政单据

国际邮政货物运输单据主要包括邮政收据、邮寄证明和专递收据。

邮政收据（Post Receipt）是邮政运输的主要单据，它是邮政部门收到寄件人的邮件后所签发注有寄发日期的货物收据，也是收件人凭以提取邮件的凭证；邮寄证明（Certificate of Posting）是邮局出具的证明文件，据此证明邮包确已寄出或单据确已寄发，并作为邮寄日期的证明；专递收据（Courier Receipt）是特快专递机构收到寄件人的邮件后签发的凭证。

在实际业务中，邮政部门或快递机构按寄发物件的不同，分别签发内容不完全相同的邮政收据或快递收据，并根据货主要求出具邮寄证明。在填写和使用邮政收据或快递收据时，应注意以下事项。

（1）由于邮政收据和快递收据不是货物所有权凭证，不能流通转让，也不能凭以提取邮寄物件，因此，邮政收据和快递收据的抬头一律制成记名抬头。

（2）邮政收据和快递收据的收件人通常为进口商。在信用证业务下，有时规定收件人制成进口地开证行。凡信用证有具体要求的，则按信用证要求填写。

（3）若信用证要求提供邮政收据或快递收据，并规定交货期，那么，邮局或快递机构的日戳所载明的日期即为出口商的实际交货日期，该日期不得迟于信用证规定的最迟交货期。

（4）当交货数量较多而将其分包寄发时，根据《UCP600》规定，货物经邮寄或专递发运，含有一份以上快递收据、邮政收据或邮寄证明的交单，如果单据看似由同一快递或邮政机构在同一地点和日期加盖印戳或签字并且表明同一目的地，将不视为分批装运。

本章小结

1．运输单据和保险单据是办理运输和投保工作的主要凭证，其中运输单据是货物运输合同的证明，证明货物已由承运人接收或装船，具有物权凭证的作用。在国际货物运输中，提单是最具特色、最完整的运输单据。

2．保险单是保险合同证明，是获得保险公司理赔的依据。

3．应了解运输单据和保险单据的种类，熟悉海运提单、海运单、空运单等运输单据和保险单的作用，掌握缮制提单和保险单的填报规范和注意事项。根据合同和信用证的要求选择并出据合适的运输和保险单据，会缮制提单和保险单，完成进出口货物运输和保险工作。

练习题

一、单项选择题

1．我国 A 公司以海运 CIF 贸易术语进口一批货物，国外卖方提交的海运提单上有关“运费支付”一栏应填写（　　）。

A．Freight Collect　　B．Freight Prepaid

C．Freight as Arranged　　D．Freight Payable at Destination

2．经过背书才能转让的提单是（　　）。

A．指示提单　　B．转船提单

C．记名提单　　D．不记名提单

3．一票货物于 2009 年 4 月 10 日开始装船，并于同月 12 日全部装上船，同日船舶开航。如果在同月 11 日，应托运人要求，承运人签发已装船提单，则此提单被称为（　　）。

A．倒签提单　　B．顺签提单

C．预借提单　　D．备运提单

4．不可转让海运单是（　　）。

A．物权证书　　B．有价证券

C．货物收据和海运合同的证明　　D．流通证券

5．海运提单和多式联运提单的签发人分别是（　　）。

A．船公司、船公司　　B．货运代理、船公司

C．船公司、多式联运经营人　　D．承运人、货运代理

6．根据《UCP600》规定，保险单据应由（　　）签署。

A．投保人　　B．保险公司或其代理人

C．被保险人　　D．受益人

二、判断题

1．国外开来信用证规定的装运期限为“after 12th May 2009”，则正本提单的装运日期应理解为在 2009 年 5 月 12 日或以后。（　　）

2．装运期就是交货期。（　　）

3．海运提单只有签发日期而没有已装船日期，按惯例，提单的签发日期可视为装船日期。如果海运提单上批注有已装船日期，则该批注的日期不得早于海运提单的签发日期。（　　）

4．来证对提单没有特殊要求，有关提单的信用证条款如下："FULL SET OF CLEAN ON BOARD BILL OF LADING MADE OUT TO OUR ORDER，MARKED FREIGHT PREPAID NOTIFY APPLICANT．"如果正本提单上没有特别标明开证人的名称和地址，则正本提单的被通知人应填写为"APPLICANT"。（　　）

5．海运提单、铁路运单和航空运单都属于物权凭证，均可通过背书进行转让。（　　）

6．多式联运提单必须在货物装上运输工具后签发。（　　）

第 4 章　办理海运保险

【本章任务】

1．熟悉海运保险的办理流程。（网上查阅并总结）
2．选择合适的海运险别。
3．填写投保单。
4．填写保险单。

任务情境： 装运日确定为 2016 年 5 月 21 日，魏经理要求 YOYO 在装运日前对该批货物进行投保，在 2 月 25 日之前确定保险公司，根据合同及信用证的要求确定险别及投保金额。YOYO 联系了几家保险公司，但由于货物是陶瓷制品，保险公司要求的保费较高，YOYO 询问魏经理该如何处理。魏经理要求 YOYO 在与保险公司沟通过程中强调我公司产品的包装是非常特殊的，能够确保运输过程中的安全，保险费率最高不超过货物总价值的 1%。要求 YOYO 在 2 月 25 日之前确定。

4.1　保险单据简介

4.1.1　保险单的作用和种类

由于国际货物运输上有运输路线较长、风险较大的特点，出口商将货物运抵进口商需经过长途运输，中途多次搬运有可能受到自然灾害、意外事故或外来因素导致的货损。为了减少风险，避免损失，需要对货物投保运输险，由保险公司承担货物运输途中的损失赔偿。

保险单据是保险人与被保险人之间订立保险合同的证明文件，它反映了保险人与被保险人之间的权利和义务关系，也是保险人的承保证明。当发生保险责任范围内的损失时，它又是保险索赔和理赔的主要依据。保险单据经过背书后，可以随货物所有权的转移而进行转让。

目前，在保险实务中，我国绝大多数企业采用中国人民保险公司出具的海洋货物运输保险单，也有部分企业采用英国伦敦保险业协会海运货物保险险别。在国际贸易中，是否使用保险单取决于信用证的规定。以 FOB、CFR 价格成交时，出口商无须提交保险单；以 CIF 价格成交时，出口商须办理保险手续，填写保险单。

目前，在我国进出口业务中应用的保险单据主要有保险单、保险凭证、联合保险凭证、保险批单和预约保险单。

1．保险单（Insurance Policy）

保险单，俗称大保单，是使用最广泛的一种保险单据。保险单上一般须载明当事人的名称和地址，保险标的的名称、数量或重量、唛头，运输工具，保险险别，保险责任起讫时间和地点，保险人签章，赔款偿付地点以及经保险人与被保险人双方约定的其他事项等内容。保险单背面载明的保险人与被保险人之间权利和义务等方面的保险条款，也是保险单的重要内容。

2．保险凭证（Insurance Certificate）

保险凭证俗称小保单，是一种简化的保险合同。这种凭证除背面不载明保险人和被保险人双方的权利和义务等保险条款外，其他内容与保险单相同。保险凭证与大保单具有相同的法律效力。

3．联合保险凭证（Combined Insurance Certificate）

联合凭证是一种更为简化的保险单据，它是由保险公司在商业发票上加盖保险章，并且注明保险号码、险别和金额等内容，以此作为保险的凭证（这种单据不可转让）。

4．保险批单（Endorsement）

保险单出立后，投保人如需补充、变更其内容时，可根据保险公司的规定，向保险公司提出申请，经同意后，即另出一种凭证，注明更改或补充的内容，这种凭证被称为批单。保险单一经批改，保险公司即按批改后的内容承担责任，其批改内容如涉及保险金额增加和保险责任范围扩大，保险公司只有在证实货物未发生出险事故的情况下才同意办理。批单原则上须粘贴在保险单上，并加盖骑缝章（公章要均匀盖压在两页可折叠纸的中缝上，一半留作存根，另一半持作凭证，验证时，两半相对，公章应完整、合一），作为保险单不可分割的一部分。

5．预约保险单（Open Policy）

预约保险单是一种长期性的货物运输保险合同。合同中规定了承保范围、险别、费率、责任赔款处理等项目。凡属于合同约定的运输货物，在合同有效期内自动承保。预约保险单的优点是减少了逐笔签订保险合同的手续，并可以防止因漏保或迟保而造成无法弥补的损失。保险公司一般对使用预约保险单的投保人提供更优惠的保险费用，因而也吸引了不少投保人。预约保险单往往与保险通知书和保险声明书（Insurance Declaration）一起使用。如果进口商和保险公司订有长期的预约保险单，每当货物装船后，由出口商将货物装船的详细情况包括品名、数量、重量、金额、运输工具、运输日期以及列明在信用证中的预约保险单号码直接通知保险公司和进口商，并以此作为正式保险单失效的标志。出口商的书面证明（受益人证明或通知副本）将作为议付单据向银行提交。

练习 1：根据 0.3 节的销货合同和 2.2 节任务 2 修改后的信用证填写投保单。

海运出口货物投保单			
1）保险人		2）被保险人	
3）标记	4）包装及数量	5）保险货物项目	6）保险货物金额
7）总保险金额（大写）			
8）运输工具 （船名） （航次）			
9）装运港		10）目的港	
11）投保险别		12）货物起运日期	
13）投保日期		14）投保人签字	

4.1.2 保险单的内容

目前，世界各国保险公司签发的海上货物运输保险单，并无统一格式，但其内容基本一致。我国进出口业务中使用的中国人民保险公司的保险单，它通常由正面内容和反面内容两部分组成。

保险单正面内容大致包括以下三个方面。

（1）当事人建立保险关系的文字证明：保险人根据被保险人的要求，由被保险人交付约定的保险费，按照本保险单条件承保货物运输险。

（2）被保险货物及相关运输情况：包括货物名称、唛头标记、包装及数量、保险金额；载货船名航次、启运港、卸货港、开航日期等。

（3）保险人承保范围及赔偿责任文句：承保险别、赔款偿付地点，以及被保险货物遭遇风险可凭本保险单及有关证件给付赔款的声明。

保险单背面内容主要列明保险条款，它是保险单的重要内容，是确立保险人与被保险人之间权利义务关系的依据。内容包括三种基本险别的责任范围和除外责任、责任起讫、被保险人的义务、索赔期限等。

保险单样单，如表 4-1 所示。

4.2　保险单据的缮制方法

4.2.1　保险单的缮制

（1）被保险人（Insured）

在出口业务中，通常买卖双方对货物的权利随单据的转移而转移，保险单中的可保利益（即货物）也随卖方转移给买方。因此，运输保险索赔几乎是由买方进行的，保险业务中的投保人和被保险人的区别被单据转让掩盖了。按照惯例，人们在被保险人一栏中填出口公司的名称，一般为信用证的受益人。

（2）标记（Marks & Nos.）

唛头一栏填写货物的装运标志。

特别提示：保险单据上的标记（Marks）应与发票上的完全一致。如果信用证对标记做出规定，也应与信用证的规定完全一致。如果信用证上未注明“Showing marks and Nos. ”，标记的打法为“as per invoice NO. . . . Or as per B/L NO. . . . ”；如果信用证上注明“Showing marks and Nos. ”，就要按照提单上的具体标记打印；如果信用证上规定“No Marks”，那么标记上就打“N/M”。

（3）数量（Quantity）

数量一栏填写商品的外包装标明的数量和种类。

表 4-1 保险单样单

PICC 中国人民保险公司
The People's Insurance Company of China
保险单 INSURANCE POLICY

发票号（INVOICE No.） 保单号次 POLICY No
合同号（CONTRACT No.） 信用证号（L/C No.）
被保险人
At the request of:______________________________

中国人民保险公司（以下简称本公司）根据被保险人的要求，由被保险人向本公司缴付约定的保险费，按照本保险单承保险别和背面所列条款与下列特款承保下述货物运输保险，特立本保险单。

THIS POLICY OF INSURANCE WITNESSES THAT THE PEOPLE'S INSURANCE COMPANY OF CHINA(HEREINAFTER CALLED"THE COMPANY")AT THE REQUEST OF INSURED AND IN CONSIDERATION OF THE AGREED PREMIUM PAID TO THE COMPANY BY THE INSURED UNDERTAKES TO INSURE THE UNDER MENTIONED GOODS IN TRANSPORTATION SUBJECT TO THE CONDITIONS OF THIS POLICY AS PER THE CLAUSES PRINTED OVERLEAF AND OTHER SPECIAL CLAUSES ATTACHED HEREON

标记 MARKS & NOS.	数量及包装 QUANTITY	保险货物项目 DESCRIPTION OF G00DS	保险金额 AMOUNT INSURED

总保险金额 TOTAL AMOUNT INSURED:______________________________

保费 启运日期 装载运输工具
PREMIUM______________DATE OF COMMENCEMENT__________ PER CONVEYANCE:____________

自 经 至
FROM________________________VIA________________________TO________________________

承保险别 CONDITIONS:

所保货物，如发生保险单项下可能引起索赔的损失或损坏，应立即通知本公司下述代理人查勘。如有索赔应向本公司提交保险单正本（共两份正本）及有关文件。如一份正本已用于索赔，其余正本自动失效。

IN THE EVENT OF LOSS DAMAGE WHICH MAY RESULT IN A CLAIM UNDER THIS POLICY, IMMEDIATE NOTICE MUST BE GIVEN TO THE COMPANY AGENT AS MENTIONED HEREUNDER CLAIMS IF ANY, ONE OF THE ORIGINAL POLICY WHICH HAS BEEN ISSUED IN TWO ORIGINALS TOGETHER WITH RELEVANT DOCUMENTS SHALL BE SURRENDERED TO THE COMPANY IF THE ORIGINAL POLICY HAS BEEN ACCOMPLISHED. THE OTHERS TO BE VOID

赔款偿付地点 INSURANCE AGENT:______________________________

____

CLAIM PAYABLE AT______________

出单日期

ISSUING DATE__________________

中国人民保险公司上海市分公司
The People's Insurance Company of China
Shanghai Branch

（4）保险货物的项目（Description of Goods）

保险货物一栏填写商品的名称，可以用总称。

（5）保险金额（Amount Insured）

保险金额应按信用证规定的金额及加成率投保。如果信用证对此未作规定，一般是按发票金额加一成（即 110%的发票金额）填写，但允许不按这个比例而按双方商定的比例计算填写，如允许加两成或更多。保险单上的保险金额应按“进一取整”的方法填写。例如，当保险金额计算为 USD11 324.12 时，那么在保险单据上应当填写 USD11325。

（6）保险金额的总额（Total Amount Insured）

保险金额的总额一栏填写保险金额的大写形式，计价货币也应以全称形式填写。保险金额使用的货币应与信用证使用的货币一致。

（7）保费（Premium）

保费一栏已由保险公司在印刷保险单时填写“as arranged”字样，在填写保险单时无须填写。

（8）费率（Rate）

费率一栏基本上不需要由出口公司填写，保险公司已经在该栏目中印有“as arranged”字样。

（9）运输工具

运输工具一栏填写装载船舶的名称，当运输需要两次完成时，本栏应分别填写第一航程的船名和第二航程的船名，如“WUYUEHUA/SHENLONG”。

（10）开航日期

开航日期一栏有三种填写方法：（1）填写提单签发日；（2）填写“as per B/L”；（3）填写单据签发前五天的任何一日。

（11）装运港和目的港

装运港和目的港一栏应填写起运地港口的名称和目的地港口的名称。该栏按照下列方法填写：from 装运港 to 目的港　via　转运港。

（12）承保险别（Conditions）

出口公司在制单时，只需在副本上填写承保险别一栏的内容。当全套保险单填好交给保险公司审核、确认时，才由保险公司把承保险别的详细内容加注在正本保险单上。

（13）单据份数

我国的保险公司出具的保险单据是一套五份，由三份副本、一份副联和一份正本构成。当信用证有规定时一律按照规定填写；当信用证没有特别说明时，出口公司一般提交一套保险单据，即正本一份，副本一份。

（14）理赔地点

如果买方指定了代理人，则理赔代理人必须在货物到达的目的港口的所在国内，那么这一栏填写目的地的名称，币种要与投保时的币种相同。

（15）签发日期

签发日期一栏填写保险单的签发日期。

特别提示：保险单的投保日期不得晚于提单的日期。

（16）投保地点（含理赔用货币）

投保地一栏填写装运港口的名称，理赔用货币加注在地点后，如NEWYORK IN USD。

4.2.2 有关保险单据的若干规定

《UCP600》对信用证项下保险单据作了如下规定。

（1）保险单据，例如保险单或预约保险项下的保险证明书或者声明书，必须看似由保险公司或承保人或其代理人或代表出具并签署。代理人或代表的签字必须标明其系代表保险公司或承保人签字。

（2）如果保险单据表明其以多份正本出具，所有正本均须提交。

（3）暂保单将不被接受。

（4）可以接受保险单代替预约保险项下的保险证明书或声明书。

（5）保险单据日期不得晚于发运日期，除非保险单据表明保险责任不晚于发运日生效。

（6）保险单据必须表明投保金额并以与信用证相同的货币表示。信用证对于投保金额为货物价值、发票金额或类似金额的某一比例的要求，将被视为对最低保额的要求。

如果信用证对投保金额未作规定，投保金额须至少为货物的CIF或CIP价格的110%。

如果从单据中不能确定CIF或者CIP价格，投保金额必须基于要求承付或议付的金额，或者基于发票上显示的货物总值来计算，二者之中取金额较高者。

保险单据须标明承保的风险区间至少涵盖从信用证规定的货物监管地或发运地开始到卸货地或最终目的地为止。

（7）信用证应规定所需投保的险别及附加险（如有的话）。如果信用证使用诸如“通常风险”或“惯常风险”等含义不确切的用语，则无论是否有漏保之风险，保险单据将被照样接受。

（8）当信用证规定投保“一切险”时，如保险单据载有任何“一切险”批注或条款，无论是否有“一切险”标题，均将被接受，即使其声明任何风险除外。

（9）保险单据可以援引任何除外责任条款。

（10）保险单据可以注明受免赔率或免赔额（减除额）约束。

练习 2：根据 0.3 节的销货合同和 2.2 节任务 2 修改后的信用证填写保险单

PICC 中国人民保险公司
The People's Insurance Company of China
保险单 INSURANCE POLICY

发票号（INVOICE NO.）　　　　　　　　保单号次POLICY NO
合同号（CONTRACT NO.）　　　　　　　信用证号（L/C NO.）
被保险人
At the request of:____

中国人民保险公司（以下简称本公司）根据被保险人的要求，由被保险人向本公司缴付约定的保险费，按照本保险单承保险别和背面所列条款与下列特款承保下述货物运输保险，特立本保险单。

THIS POLICY OF INSURANCE WITNESSES THAT THE PEOPLE'S INSURANCE COMPANY OF CHINA(HEREINAFTER CALLED"THE COMPANY")AT THE REQUEST OF INSURED AND IN CONSIDERATION OF THE AGREED PREMIUM PAID TO THE COMPANY BY THE INSURED UNDERTAKES TO INSURE THE UNDER MENTIONED GOODS IN TRANSPORTATION SUBJECT TO THE CONDITIONS OF THIS POLICY AS PER THE CLAUSES PRINTED OVERLEAF AND OTHER SPECIAL CLAUSES ATTACHED HEREON

标记 MARKS & NOS.	数量及包装 QUANTITY	保险货物项目 DESCRIPTION OF G00DS	保险金额 AMOUNT INSURED

总保险金额TOTAL AMOUNT INSURED:________________________________

保费　　　　　　　　启运日期　　　　　　　　装载运输工具
PREMIUM____________DATE OF COMMENCEMENT________ PER CONVEYANCE__________

自　　　　　　　　经　　　　　　　　至
FROM__________________VIA__________________TO__________________

承保险别CONDITIONS:

所保货物，如发生保险单项下可能引起索赔的损失或损坏，应立即通知本公司下述代理人查勘。如有索赔应向本公司提交保险单正本（共2份正本）及有关文件。如一份正本已用于索赔，其余正本自动失效。

IN THE EVENT OF LOSS DAMAGE WHICH MAY RESULT IN A CLAIM UNDER THIS POLICY, IMMEDIATE NOTICE MUST BE GIVEN TO THE COMPANY AGENT AS MENTIONED HEREUNDER CLAIMS IF ANY, ONE OF THE ORIGINAL POLICY WHICH HAS BEEN ISSUED IN TWO ORIGINALS TOGETHER WITH RELEVANT DOCUMENTS SHALL BE SURRENDERED TO THE COMPANY IF THE ORIGINAL POLICY HAS BEEN ACCOMPLISHED. THE OTHERS TO BE VOID

赔款偿付地点INSURANCE AGENT:____

____

CLAIM PAYABLE AT______________
出单日期
ISSUING DATE_________________

中国人民保险公司上海市分公司
The People's Insurance Company of China
Shanghai Branch

本章小结

1．运输单据和保险单据是办理运输和投保工作的主要凭证，其中运输单据是货物运输合同的证明，证明货物已由承运人接收或装船，具有物权凭证的作用。在国际货物运输中，提单是最具特色、最完整的运输单据。

2．保险单是保险合同证明，是获得保险公司理赔的依据。

3．学习完本章的内容，应了解运输单据和保险单据的种类，熟悉海运提单、海运单、空运单等运输单据和保险单的作用，掌握缮制提单和保险单的填报规范和注意事项。能根据合同和信用证的要求，选择并出据合适的运输和保险单据，会缮制提单和保险单，完成进出口货物运输和保险工作。

练习题

一、单项选择题

1．我国 A 公司以海运 CIF 贸易术语进口一批货物，国外卖方提交的海运提单上有关“运费支付”一栏应填写（　　）。

A．Freight Collect　　B．Freight Prepaid

C．Freight as Arranged　　D．Freight Payable at Destination

2．经过背书才能转让的提单是（　　）。

A．指示提单　　B．转船提单

C．记名提单　　D．不记名提单

3．一票货物于 2009 年 4 月 10 日开始装船，并于同月 12 日全部装上船，同日船舶开航。如果在同月 11 日，应托运人要求，承运人签发已装船提单，则此提单被称为（　　）。

A．倒签提单　　B．顺签提单

C．预借提单　　D．备运提单

4．不可转让海运单是（　　）。

A．物权证书　　B．有价证券

C．货物收据和海运合同的证明　　D．流通证券

5．海运提单和多式联运提单的签发人分别是（　　）。

A．船公司、船公司　　B．货运代理、船公司

C．船公司、多式联运经营人　　D．承运人、货运代理

6．根据《UCP600》的规定，保险单据应由（　　）签署。

A．投保人　　B．保险公司或其代理人

C．被保险人　　　　　　　　　　　　D．受益人

二、判断题

1．国外开来信用证规定的装运期限为“after l2th May 2009”，则正本提单的装运日期应理解为在 2009 年 5 月 12 日或以后。（　　）

2．装运期就是交货期。（　　）

3．海运提单只有签发日期而没有已装船日期，按惯例，提单的签发日期可视为装船日期。如果海运提单上批注有已装船日期，则该批注的日期不得早于海运提单的签发日期。（　　）

4. 来证对提单没有特殊要求，有关提单的信用证条款如下：“FULL SET OF CLEAN ON BOARD BILL OF LADING MADE OUT TO OUR ORDER, MARKED FREIGHT PREPAID NOTIFY APPLICANT．”如果正本提单上没有特别标明开证人的名称和地址，则正本提单的被通知人应填写为“APPLICANT”。（　　）

5．海运提单、铁路运单和航空运单都属于物权凭证，均可通过背书进行转让。（　　）

6．多式联运提单必须在货物装上运输工具后签发。（　　）

第 5 章　办理报检、报关

【本章任务】

1．熟悉报检、报关的流程。

2．填写报检单。

3．填写报关单。

任务情境：2 月 26 日，魏经理让 YOYO 处理报检、报关，要求 YOYO 自行在网上查阅报检流程及注意事项，准备好电子版及纸质资料，联系商检公司，预约报检事宜。魏经理强调，报检速度的快慢直接影响到出货，同时抽检数量也需合理，尽可能地与报检公司做好沟通工作，减少抽检数量，降低成本。此外，魏经理要求 YOYO 报检结束后，及时跟进报关，办理好报关相关手续。确保 5 月 19 日前能够通关，保证货物 5 月 21 日能够装船出运。

5.1　商品检验检疫

5.1.1　检验检疫的基本内容

1．检验检疫概念

在我国专门设置了出入境检验检疫机构，对出入境的货物、人员、交通工具、集装箱、行李邮包携带物等进行检验检疫，以保障人员、动植物安全卫生和商品的质量。

凡列入《商检机构实施检验的进出口商品种类表》（以下简称《种类表》）的进出口商品和其他法律、法规规定须经检验的进出口商品，必须经过出入境检验检疫部门或其指定的检验机构检验。法律法规规定须经检验检疫机构检验的进口商品的收货人，必须向卸货口岸或到达站的检验检疫机构办理进口商品登记；法律法规规定须经检验检疫机构检验的出口商品的发货人，应在规定地点和期限向检验检验机构报验。进出口商品检验包括品质检验、安全卫生、数量鉴定、重量鉴定等。

特别提示：规定进口商品应检验未检验的，不准销售、使用；出口商品未经检验合格的，不准出口。

2．需要申报报检的单位

（1）有进出口经营权的国内企业。

（2）入境货物收货人或其代理人。

（3）出境货物生产企业或代理人。

（4）中外合资、中外合作和外商独资企业。

（5）国外企业、商社常驻中国代表机构等。

（6）其他对外贸易关系人。

3．检验检疫的流程

（1）报检（Application for Inspection）。指进出口商向商检机构申请检验，填写报检申请单，同时提交合同、信用证、成交样品及其他必要的资料。

① 报检数据的审核采取“先机审，后人审”的程序进行；企业发送电子报检数据，电子审单中心按计算机系统数据规范和有关要求对数据进行自动审核，对不符合要求的，反馈错误信息，符合要求的将报检住处传输给受理报检人员，受理报检人员人工进行再次审核，符合规定的将成功受理报检住处同时反馈报检单位和施检部门，并提示报检企业与相应的施检部门联系检验检疫事宜。

② 出境货物受理电子报检后，报检人按受理报检信息要求，在检验检疫机构施检时，提交报检单和随附单据。

③ 入境货物受理电子报检后，报检人应按受理报检住处的要求，在领取《入境货物通关单》时，提交报检单和随附单据。

④ 电子报检人对已发送的报检申请需更改或撤销报检时，应发更改或撤销报检申请。检验检疫机构按有关规定办理。

特别提示：出口报检的时间，一般在发运前 7～10 天。对于鲜货应在发运前 3～7 天。

（2）抽样（Sampling）。抽样时，按规定的方法和一定的比例，在货物不同部位抽取一定数量的、能代表全批货物质量的样品（标本）、供检验之用。

（3）检验（Inspection）。接受报检后，研究检验项目，确定检验内容，仔细审核合同对品质、包装的规定，弄清检验依据，确定检验标准、方法，然后对抽样进行检验。

（4）签证（Visa）。出口方面，凡列入《种类表》内的出口货物，经检验合格后，签发出境货物通关单。

4．报检须提供的单证

受理入境货物报检时，要求报检人填写报检单，提供外贸合同、发票、提单、装箱单以及入境货物通知单等单证；实施安全质量许可、卫生检疫注册的应提交有关证明文件复印件，并在报检单上注名文件号。

5.1.2　报检单的缮制

练习 1：根据 0.3 节的销货合同和 2.2 节任务 2 修改后的合同及信用证填写一份报检单。

出境货物报检单样单，如表 5-1 所示。

表 5-1 出境货物报检单样单

中华人民共和国出入境检验检疫
出境货物报检单

报检单位（加盖公章）： *编　号 ________

报检单位登记号： 联系人： 电话： 报检日期： 年 月 日

发货人	（中文）
	（外文）
收货人	（中文）
	（外文）

货物名称（中/外文）	H.S.编码	产地	数/重量	货物总值	包装种类及数量

运输工具名称号码		贸易方式		货物存放地点	
合同号		信用证号		用途	
发货日期		输往国家（地区）		许可证/审批号	
启运地		到达口岸		生产单位注册号	
集装箱规格、数量及号码					

合同、信用证订立的检验检疫条款或特殊要求	标记及号码	随附单据（划“✓”或补填）	
		□合同 □信用证 □发票 □换证凭单 □装箱单 □厂检单	□包装性能结果单 □许可/审批文件 □ □ □ □

需要证单名称（划“✓”或补填）		*检验检疫费	
□品质证书 __正__副 □重量证书 __正__副 □数量证书 __正__副 □兽医卫生证书 __正__副 □健康证书 __正__副 □卫生证书 __正__副 □动物卫生证书 __正__副	□植物检疫证书 __正__副 □熏蒸/消毒证书 __正__副 □出境货物换证凭单 __正__副 □ □ □ □	总金额（人民币元）	
		计费人	
		收费人	

报检人郑重声明：	领取证单	
1. 本人被授权报检。 2. 上列填写内容正确属实，货物无伪造或冒用他人的厂名、标志、认证标志，并承担货物质量责任。 签名：________	日期	
	签名	

注：有“*”号栏由出入境检验检疫机关填写

◆国家出入境检验检疫局制

[1-2 (2000.1.1)]

报检单内容具体如下。

（1）联系人：报检人员姓名。

（2）电话：报检人员的联系电话。

（3）报检日期：报检当天的日期。

（4）发货人：按合同、信用证中所列卖方名称填写，并录入其在检验检疫机构的注册代码。

（5）收货人：按合同、信用证中所列买方名称填写。

（6）货物名称：按合同、信用证上所列名称及规格填写。

（7）H.S.编码：按《协调商品名称及编码制度》中所列编码填写。以当年海关公布的商品税则编码分类为准，目前为 10 位。

（8）产地：填写省、市、县名。

（9）数/重量：按实际申请检验检疫数/重量填写。

（10）货物总值：按合同或发票所列货物总值填写，需注明币种。

（11）包装种类及数量：包装材料的种类和包装数量。

（12）运输工具名称号码：运输工具的名称和号码。

（13）合同号、信用证号：根据对外贸易合同填写，或填订单、形式发票的号码。

（14）贸易方式：该批货物进口的贸易方式。

（15）货物存放地点：注明具体地点、厂库。

（16）发货日期：实际发货日期。

（17）输往国家（地区）：出口货物的最终销售国。

（18）许可证/审批号：须办理出境许可证或审批的货物应填写有关许可证号或审批号。

（19）生产单位注册号：出入境检验检疫机构签发的卫生注册证书号或加工厂注册号码等。

（20）启运地：货物最后离境的口岸及所在地（申报换证凭条的应录入出境的具体口岸名称。

（21）到达口岸：货物的入境口岸。

（22）集装箱规格、数量及号码：货物若以集装箱运输应填写集装箱的规格、数量及号码。

（23）合同、信用证订立的检验检疫条款或特殊要求：在合同中订立的有关检验检疫的特殊条款及其他要求应填入此栏。

（24）标记及号码：货物的标记号码，应与合同、发票等有关外贸单据保持一致。若没有标记号码则填“N/M”。

（25）用途：从以下九个选项中选择：① 种用或繁殖；② 食用；③ 奶用；④ 观赏或演艺；⑤ 伴侣动物；⑥ 试验；⑦ 药用；⑧ 饲用；⑨ 其他。

（26）随附单据：报检时随附的单据种类划“√”或补填。

（27）签名：由持有《报检员证》的报检人员手签。

（28）检验检疫费：由检验检疫机构计费人员核定费用后填写。

（29）领取证单：报检人在领取证单时填写领证日期及领证人姓名。

练习 2：根据 0.3 节的销货合同和 2.2 节任务 2 修改后的信用证，填制一份报检单。

5.2 报关单的缮制方法

5.2.1 报关的基本内容

1. 报关的概念

报关是指进出口货物收发货人、进出境运输工具负责人、进出境物品所有人或者他们的代理人向海关办理货物、物品或运输工具进出境手续及相关海关事务的过程，包括向海关申报、交验单据证件，并接受海关的监管和检查等。报关是履行海关进出境手续的必要环节之一。

按照法律规定，所有进出境运输工具、货物、物品都需要办理报关手续。报关的具体范围如下。

（1）进出境运输工具。进出境运输工具是指用以载用人员、货物、物品进出境，并在国际间运营的各种境内或境外船舶、车辆、航空器和驮畜等。

（2）进出境货物。进出境货物是指一般进出口货物，保税货物，暂准进出境货物，特定减免税货物，过境、转运和通用及其他进出境货物。

（3）进出境物品。进出境物品是指进出境的行李物品、邮递物品和其他物品。以进出境人员携带、托运等方式进出境的物品为行李物品；以邮递方式进出境的物品为邮递物品；其他物品主要包括享有外交特权和豁免的外国机构或者人员的公务用品和自用物品等。

2. 报关期限

报关期限是指货物运到口岸后，法律规定收货人或其代理人向海关报关的时间限制。根据《中华人民共和国海关法》规定，出口货物应在货物装入运输工具的 24 小时之前，向海关报关。进口货物的报关期限为自运输工具申报进境之日起 14 日内，由收货人或其代理人向海关报关。超过期限报关的，由海关征收滞报金。

3. 报关需提交的单据

进出口商向海关报关时，需提交以下单据。

（1）进出口货物报关单。一般进口货物应填写一式两份；需要由海关核销的货物，如加工贸易货物和保税货物等，应填写专用报关单一式三份；货物出口后需国内退税的，应另填一份退税专用报关单。

（2）商业发票一份，对货物出口委托国外销售，结算方式是待货物销售后按实销金额向出口单位结汇的，出口报关时可准予免交。

（3）陆运单、空运单和海运进口的提货单及海运出口的装货单。海关在审单和验货后，在正本货运单上签章放行退还报关单，凭此提货或装运货物。

（4）货物装箱单一份。散装货物或单一品种且包装内容一致的件装货物可免交。

（5）出口收汇核销单。一切出口货物报关时，应交验外汇管理部门加盖“监督收汇”章的出口收汇核销单，并将核销编号填在每张出口报关单的右上角处。

（6）海关认为必要时，还应交验贸易合同、货物产地证书等。

（7）其他有关单据。

4. 通关的流程

通关的基本程序为申报、查验、征税和放行。

（1）申报：出口货物的发货人根据出口合同的规定，按时、按质、按量备齐出口货物后，准备向海关办理报关手续，或委托专业（代理）报关公司办理报关手续。

（2）查验：查验是指海关在接受报关单位的申报并已经审核的申报单位为依据，通过对出口货物进行实际核查，以确定其报关单证申报的内容是否与实际进出口的货物相符的一种监管方式。

（3）征税：根据《中华人民共和国海关法》的有关规定，进出口的货物除国家另有规定外，均应征收关税。关税由海关依照海关进出口税则征收。

（4）放行：对于一般出口货物，在发货人或其代理人如实向海关申报，并如数缴纳应缴税款和有关税费后，海关在出口装货单上盖“海关放行章”，出口货物的发货人凭此装船起运出境。

（5）签发出口退税报关单：海关放行后，在浅黄色的出口退税专用报关单上加盖“验讫章”和已向税务机关备案的海关审核出口退税负责人的签章，退还报关单位。

5. 报关单的分类

（1）报关单录入凭单：指申报单位按海关规定的格式填写的凭单，用作报关单预录入的依据（可将现行报关单放大后使用）。

（2）预录入报关单：指预录入公司录入、打印，并联网将录入数据传送到海关，由申报单位向海关申报的报关单。

（3）EDI 报关单：指申报单位采用 EDI 方式向海关申报的电子报文形式的报关单及事后打印、补交备核的书面报关单。

（4）报关单证明联：指海关在核实货物实际入、出境后按报关单格式提供的证明，用作企业向税务、外汇管理部门办结有关手续的证明文件。

5.2.2　报关单的缮制

练习 3：根据 0.3 节的销货合同和 2.2 节任务 2 修改后的信用证填写一份报关单。

1．出口货物报关单样单（见表 5-2）。

表 5-2　中华人民共和国海关出口货物报关单样单

中华人民共和国海关出口货物报关单

预录入编号：　　　　　　　　　　　　　　　　海关编号：

收发货人	出口口岸	出口日期	申报日期	
生产销售单位	运输方式	运输工具名称	提运单号	
申报单位	监管方式	征免性质	备案号	
贸易国（地区）	运抵国（地区）	指运港	境内货源地	
许可证号	成交方式	运费	保费	杂费
合同协议号	件数	包装种类	毛重（千克）	净重（千克）
集装箱号	随附单证			
标记唛头及备注 随附单证号：				
项号　商品编号　商品名称、规格型号　数量及单位　最终目的国（地区）　单价　总价　币制　征免				
特殊关系确认：　　价格影响确认：　　支付特许权使用费确认：				
录入员　　录入单位	兹申明对以上内容承担如实申报、依法纳税之法律责任	海关批注及签章		
报关人员 申报单位（签章） 北京××××货运代理有限公司				

注意事项：

（1）请认真核对，我司将严格按照此确认件申报，申报后将无法更改，由此造成的无法退税我司概不负责。

（2）境内货源地需要特别注意，申报错误将导致无法退税。

（3）涉及品牌、型号的货物一定要申报准确，否则造成的扣货、退单、推迟航班以及所产生的费用由发货人承担。

（4）无纸化通关：一定确认好是否已在相应关区备案。如因为没有备案，导致的退单及费用由发货人承担。

（5）报关单请务必于到货前填制完整并确认好，否则很可能延误出运。

（6）请务必提前确认买卖双方是否存在特殊关系，是否影响价格。

（7）还要确认货物是否有品牌、是否需要品牌授权或者可能存在侵权的问题。

2. 报关单的基本内容填写要点

1）预录入编号

填报预录入报关单的编号，预录入编号规则由接受申报的海关决定。

2）海关编号

填报海关接受申报时给予报关单的编号，一份报关单对应一个海关编号。报关单海关编号为 18 位，其中第一～四位为接受申报海关的编号（海关规定的《关区代码表》中相应海关代码），第五～八位为海关接受申报的公历年份，第九位为进出口标志（“1”为进口，“0”为出口；集中申报清单“I”为进口，“E”为出口），后九位为顺序编号。

3）收发货人

填报在海关注册的对外签订并执行进出口贸易合同的中国境内法人、其他组织或个人的名称及编码。编码可选填 18 位法人和其他组织统一社会信用代码或 10 位海关注册编码任一项。

特殊情况下填制要求如下：

（1）进出口货物合同的签订者和执行者非同一企业的，填报执行合同的企业。

（2）外商投资企业委托进出口企业进口投资设备、物品的，填报外商投资企业，并在标记唛头及备注栏注明“委托某进出口企业进口”，同时注明被委托企业的 18 位法人和其他组织统一社会信用代码。

（3）有代理报关资格的报关企业代理其他进出口企业办理进出口报关手续时，填报委托的进出口企业的。

（4）使用海关核发的《中华人民共和国海关加工贸易手册》、电子账册及其分册（以下统称《加工贸易手册》）管理的货物，收发货人应与《加工贸易手册》的“经营企业”一致。

4）进口口岸/出口口岸

应根据货物实际进出境的口岸海关，填报海关规定的《关区代码表》中相应口岸海关的名称及代码。特殊情况填报要求如下。

进口转关运输货物应填报货物进境地海关名称及代码，出口转关运输货物应填报货物出境地海关名称及代码。按转关运输方式监管的跨关区深加工结转货物，出口报关单填报转出地海关名称及代码，进口报关单填报转入地海关名称及代码。

在不同海关特殊监管区域或保税监管场所之间调拨、转让的货物，填报对方特殊监管区域或保税监管场所所在的海关名称及代码。

其他无实际进出境的货物，填报接受申报的海关名称及代码。

5）进口日期/出口日期

进口日期填报运载进口货物的运输工具申报进境的日期。

出口日期指运载出口货物的运输工具办结出境手续的日期，本栏目供海关签发打印报关单证明联用，在申报时免予填报。

无实际进出境的报关单填报海关接受申报的日期。

本栏应填八位数字，顺序为年（四位）、月（两位）、日（两位）。

6）申报日期

申报日期指海关接受进出口货物收发货人、受委托的报关企业申报数据的日期。以电子数据报关单方式申报的，申报日期为海关计算机系统接受申报数据时记录的日期。以纸质报关单方式申报的，申报日期为海关接受纸质报关单并对报关单进行登记处理的日期。

申报日期为八位数字，顺序为年（四位）、月（两位）、日（两位）。本栏在申报时免予填报。

7）消费使用单位/生产销售单位

（1）消费使用单位填报已知的进口货物在境内的最终消费、使用单位的名称，包括以下两点。

① 自行从境外进口货物的单位。

② 委托进出口企业进口货物的单位。

（2）生产销售单位填报出口货物在境内的生产或销售单位的名称，包括以下两点。

① 自行出口货物的单位。

② 委托进出口企业出口货物的单位。

本栏可选填 18 位法人和其他组织统一社会信用代码或 10 位海关注册编码或九位组织机构代码任一项。没有代码的应填报“NO”。

（3）有 10 位海关注册编码或 18 位法人和其他组织统一社会信用代码或加工企业编码的消费使用单位/生产销售单位，本栏目应填报其中文名称及编码；没有编码的应填报其中文名称。

使用《加工贸易手册》管理的货物，消费使用单位/生产销售单位应与《加工贸易手册》的“加工企业”一致；减免税货物报关单的消费使用单位/生产销售单位应与《中华人民共和国海关进出口货物征免税证明》（以下简称《征免税证明》）的“减免税申请人”一致。

8）运输方式

运输方式包括实际运输方式和海关规定的特殊运输方式。前者指货物实际进出境的运输方式，按进出境所使用的运输工具分类；后者指货物无实际进出境的运输方式，按货物在境内的流向分类。

本栏应根据货物实际进出境的运输方式或货物在境内流向的类别，按照海关规定的《运输方式代码表》选择填报相应的运输方式。

（1）特殊情况填报要求如下。

① 非邮件方式进出境的快递货物，按实际运输方式填报。

② 进出境旅客随身携带的货物，按旅客所乘运输工具填报。

③ 进口转关运输货物，按载运货物抵达进境地的运输工具填报；出口转关运输货物，按载运货物驶离出境地的运输工具填报。

④ 不复运出（入）境而留在境内（外）销售的进出境展览品、留赠转卖物品等，填报“其他运输”（代码9）。

（2）无实际进出境货物在境内流转时填报要求如下。

① 境内非保税区运入保税区货物和保税区退区货物，填报“非保税区”（代码0）。

② 保税区运往境内非保税区货物，填报“保税区”（代码7）。

③ 境内存入出口监管仓库和出口监管仓库退仓货物，填报“监管仓库”（代码1）。

④ 保税仓库转内销货物，填报“保税仓库”（代码8）。

⑤ 从境内保税物流中心外运入中心或从中心运往境内中心外的货物，填报“物流中心”（代码W）。

⑥ 从境内保税物流园区外运入园区或从园区内运往境内园区外的货物，填报“物流园区”（代码X）。

⑦ 保税港区、综合保税区、出口加工区、珠澳跨境工业区（珠海园区）、中哈霍尔果斯边境合作区（中方配套区）等特殊区域与境内（区外）（非特殊区域、保税监管场所）之间进出的货物，区内、区外企业应根据实际运输方式分别填报，“保税港区/综合保税区”（代码Y），“出口加工区”（代码Z）。

⑧ 境内运入深港西部通道港方口岸区的货物，填报“边境特殊海关作业区”（代码H）。

⑨ 经横琴新区和平潭综合实验区（以下简称综合试验区）二线指定申报通道运往境内区外或从境内经二线制定申报通道进入综合试验区的货物，以及综合试验区内按选择性征收关税申报的货物，填报“综合试验区”（代码T）。

⑩ 其他境内流转货物，填报“其他运输”（代码9），包括特殊监管区域内货物之间的流转、调拨货物，特殊监管区域、保税监管场所之间相互流转货物，特殊监管区域外的加工贸易余料结转、深加工结转、内销等货物。

9）运输工具名称

填报载运货物进出境的运输工具名称或编号。填报内容应与运输部门向海关申报的舱单（载货清单）所列相应内容一致。具体填报要求如下。

（1）直接在进出境地或采用区域通关一体化通关模式办理报关手续的报关单填报要求如下。

① 水路运输：填报船舶编号（来往港澳小型船舶为监管簿编号）或者船舶英文名称。

② 公路运输：启用公路舱单前，填报该跨境运输车辆的国内行驶车牌号，深圳提前报关模式的报关单填报国内行驶车牌号“/”“提前报关”。启用公路舱单后，免予填报。

③ 铁路运输：填报车厢编号或交接单号。

④ 航空运输：填报航班号。

⑤ 邮件运输：填报邮政包裹单号。

⑥ 其他运输：填报具体运输方式名称，如管道、驮畜等。

（2）转关运输货物的报关单填报要求如下。

① 进口

✧ 水路运输：直转、提前报关填报“@”16 位转关申报单预录入号（或 13 位载货清单号）；中转填报进境英文船名。

✧ 铁路运输：直转、提前报关填报“@”16 位转关申报单预录入号（或 13 位载货清单号）；中转填报车厢编号。

✧ 航空运输：直转、提前报关填报“@”16 位转关申报单预录入号（或 13 位载货清单号）；中转填报“@”。

✧ 公路及其他运输：填报“@”16 位转关申报单预录入号（或 13 位载货清单号）。

以上各种运输方式使用广东地区载货清单转关的提前报关货物填报“@”13 位载货清单号。

② 出口

✧ 水路运输：非中转填报“@”16 位转关申报单预录入号（或 13 位载货清单号）。如多张报关单需要通过一张转关单转关的，运输工具名称字段填报“@”。中转货物，境内水路运输填报驳船船名；境内铁路运输填报车名（主管海关 4 位关区代码“TRAIN”）；境内公路运输填报车名（主管海关 4 位关区代码“TRUCK”）。

✧ 铁路运输：填报“@”16 位转关申报单预录入号（或 13 位载货清单号），如多张报关单需要通过一张转关单转关的，填报“@”。

✧ 航空运输：填报“@”16 位转关申报单预录入号（或 13 位载货清单号），如多张报关单需要通过一张转关单转关的，填报“@”。

✧ 其他运输方式：填报“@”16 位转关申报单预录入号（或 13 位载货清单号）。

（3）采用“集中申报”通关方式办理报关手续的，本栏填报“集中申报”。

（4）无实际进出境的报关单，本栏目免予填报。

10）航次号（写在运输工具名称那一栏）

本栏填报载运货物进出境的运输工具的航次编号。

具体填报要求如下。

（1）直接在进出境地或采用区域通关一体化通关模式办理报关手续的报关单。

① 水路运输：填报船舶的航次号。

② 公路运输：启用公路舱单前，填报运输车辆的八位进出境日期（顺序为年（四位）、

月（两位）、日（两位），下同）。启用公路舱单后，填报货物运输批次号。

③ 铁路运输：填报列车的进出境日期。

④ 航空运输：免予填报。

⑤ 邮件运输：填报运输工具的进出境日期。

⑥ 其他运输方式：免予填报。

（2）转关运输货物的报关单。

① 进口

✧ 水路运输：中转转关方式填报“@”进境干线船舶航次。直转、提前报关免予填报。

✧ 公路运输：免予填报。

✧ 铁路运输：“@”八位进境日期。

✧ 航空运输：免予填报。

✧ 其他运输方式：免予填报。

② 出口

✧ 水路运输：非中转货物免予填报。中转货物，境内水路运输填报驳船航次号，境内铁路、公路运输填报六位启运日期（顺序为年（两位）、月（两位）、日（两位））。

✧ 铁路拼车拼箱捆绑出口：免予填报。

✧ 航空运输：免予填报。

✧ 其他运输方式：免予填报。

（3）无实际进出境的报关单，免予填报。

11）提运单号

填报进出口货物提单或运单的编号。

特别提示：一份报关单只允许填报一个提单或运单号，一票货物对应多个提单或运单时，应分单填报。

具体填报要求如下。

（1）直接在进出境地或采用区域通关一体化通关模式办理报关手续的。

① 水路运输：填报进出口提单号。如有分提单的，填报进出口提单号“*”分提单号。

② 公路运输：启用公路舱单前，免予填报；启用公路舱单后，填报进出口总运单号。

③ 铁路运输：填报运单号。

④ 航空运输：填报总运单号“_”分运单号，无分运单的填报总运单号。

⑤ 邮件运输：填报邮运包裹单号。

（2）转关运输货物的报关单。

① 进口

✧ 水路运输：直转、中转填报提单号。提前报关免予填报。

✧ 铁路运输：直转、中转填报铁路运单号。提前报关免予填报。

✧ 航空运输：直转、中转货物填报总运单号“_”分运单号。提前报关免予填报。

✧ 其他运输方式：免予填报。

以上运输方式进境货物，在广东省内用公路运输转关的，填报车牌号。

② 出口

✧ 水路运输：中转货物填报提单号；非中转货物免予填报；广东省内汽车运输提前报关的转关货物，填报承运车辆的车牌号。

✧ 其他运输方式：免予填报。广东省内汽车运输提前报关的转关货物，填报承运车辆的车牌号。

（3）采用“集中申报”通关方式办理报关手续的，报关单填报归并的集中申报清单的进出口起止日期（年（四位）月（两位）日（两位）年（四位）月（两位）日（两位））。

（4）无实际进出境的，本栏免予填报。

12）申报单位

自理报关的，本栏填报进出口企业的名称及编码；委托代理报关的，填报报关企业名称及编码。可选填 18 位法人和其他组织统一社会信用代码或 10 位海关注册编码任一项。本栏还包括报关单左下方用于填报申报单位有关情况的相关栏目，包括报关人员和申报单位签章。

13）监管方式

监管方式是以国际贸易中进出口货物的交易方式为基础，结合海关对进出口货物的征税、统计及监管条件综合设定的海关对进出口货物的管理方式。其代码由 4 位数字构成，前两位是按照海关监管要求和计算机管理需要划分的分类代码，后两位是参照国际标准编制的贸易方式代码。本栏应根据实际对外贸易情况按海关规定的《监管方式代码表》选择填报相应的监管方式简称及代码。

特别提示：一份报关单只允许填报一种监管方式。

特殊情况下加工贸易货物监管方式填报要求如下。

（1）进口少量低值辅料（即 5 000 美元以下，78 种以内的低值辅料）按规定不使用《加工贸易手册》的，填报“低值辅料”。使用《加工贸易手册》的，按《加工贸易手册》上的监管方式填报。

（2）外商投资企业为加工内销产品而进口的料件，属非保税加工的，填报“一般贸易”。外商投资企业全部使用国内料件加工的出口成品，填报“一般贸易”。

（3）加工贸易料件结转或深加工结转货物，按批准的监管方式填报。

（4）加工贸易料件转内销货物以及按料件办理进口手续的转内销制成品、残次品、未完成品，应填制进口报关单，填报“来料料件内销”或“进料料件内销”；加工贸易成品凭《征免税证明》转为减免税进口货物的，应分别填报进、出口报关单，出口报关单本栏目填报“来料成品减免”或“进料成品减免”，进口报关单本栏目按照实际监管方式填报。

（5）加工贸易出口成品因故退运进口及复运出口的，填报“来料成品退换”或“进料成品退换”；加工贸易进口料件因换料退运出口及复运进口的，填报“来料料件退换”或“进料料件退换”；加工贸易过程中产生的剩余料件、边角料退运出口，以及进口料件因品质、规格等原因退运出口且不再更换同类货物进口的，分别填报“来料料件复出”“来料边角料复出”“进料料件复出”“进料边角料复出”。

（6）备料《加工贸易手册》中的料件结转转入加工出口《加工贸易手册》的，填报“来料加工”或“进料加工”。

（7）保税工厂的加工贸易进出口货物，根据《加工贸易手册》填报“来料加工”或“进料加工”。

（8）加工贸易边角料内销和副产品内销，应填报进口报关单，填报“来料边角料内销”或“进料边角料内销”。

（9）企业销毁处置加工贸易货物未获得收入，销毁处置货物为料件、残次品的，填报“料件销毁”；销毁处置货物为边角料、副产品的，填报“边角料销毁”。

企业销毁处置加工贸易货物获得收入的，填报为“进料边角料内销”或“来料边角料内销”。

14）征免性质

应根据实际情况按海关规定的《征免性质代码表》选择填报相应的征免性质简称及代码，持有海关核发的《征免税证明》的，应按照《征免税证明》中批注的征免性质填报。

特别提示：一份报关单只允许填报一种征免性质。

加工贸易货物报关单应按照海关核发的《加工贸易手册》中批注的征免性质简称及代码填报。特殊情况填报要求如下。

（1）保税工厂经营的加工贸易，根据《加工贸易手册》填报“进料加工”或“来料加工”。

（2）外商投资企业为加工内销产品而进口的料件，属非保税加工的，填报“一般征税”或其他相应征免性质。

（3）加工贸易转内销货物，按实际情况填报（如一般征税、科教用品和其他法定等）。

（4）料件退运出口、成品退运进口货物填报“其他法定”（代码 0299）。

（5）加工贸易结转货物，免予填报。

15）备案号

填报进出口货物收发货人、消费使用单位、生产销售单位在海关办理加工贸易合同备案或征、减、免税备案审批等手续时，海关核发的《加工贸易手册》、《征免税证明》或其他备案审批文件的编号。

特别提示：一份报关单只允许填报一个备案号。

具体填报要求如下：

（1）加工贸易项下货物，除少量低值辅料按规定不使用《加工贸易手册》及以后续补税监管方式办理内销征税的外，填报《加工贸易手册》编号。

使用异地直接报关分册和异地深加工结转出口分册在异地口岸报关的，本栏应填报分册号；本地直接报关分册和本地深加工结转分册限制在本地报关，本栏应填报总册号。

加工贸易成品凭《征免税证明》转为减免税进口货物的，进口报关单填报《征免税证明》编号，出口报关单填报《加工贸易手册》编号。

对加工贸易设备之间的结转，转入和转出企业分别填制进、出口报关单，在报关单“备案号”栏填报《加工贸易手册》编号。

（2）涉及征、减、免税备案审批的报关单，填报《征免税证明》编号。

（3）涉及优惠贸易协定项下实行原产地证书联网管理（如香港 CEPA、澳门 CEPA）的报关单，填报原产地证代码“Y”和原产地证编号。

（4）减免税货物退运出口，填报《中华人民共和国海关进口减免税货物准予退运证明》的编号；减免税货物补税进口，填报《减免税货物补税通知书》的编号；减免税货物进口或结转进口（转入），填报《征免税证明》的编号；相应的结转出口（转出），填报《中华人民共和国海关进口减免税货物结转联系函》的编号。

16）贸易国（地区）

填报对外贸易中与境内企业签订贸易合同的外方所属的国家（地区）。进口填报购自国，出口填报售予国。未发生商业性交易的填报货物所有权拥有者所属的国家（地区）。本栏应按海关规定的《国别（地区）代码表》选择填报相应的贸易国（地区）或贸易国（地区）中文名称及代码。无实际进出境的，填报“中国”（代码 142）。

17）启运国（地区）/运抵国（地区）

启运国（地区）填报进口货物启始发出直接运抵我国或者在运输中转国（地）未发生任何商业性交易的情况下运抵我国的国家（地区）。

运抵国（地区）填报出口货物离开我国关境直接运抵或者在运输中转国（地区）未发生任何商业性交易的情况下最后运抵的国家（地区）。

不经过第三国（地区）转运的直接运输进出口货物，以进口货物的装货港所在国（地区）为启运国（地区），以出口货物的指运港所在国（地区）为运抵国（地区）。

经过第三国（地区）转运的进出口货物，如在中转国（地区）发生商业性交易，则以中转国（地区）作为启运/运抵国（地区）。

本栏应按海关规定的《国别（地区）代码表》选择填报相应的启运国（地区）或运抵

国（地区）中文名称及代码。无实际进出境的，填报“中国”（代码 142）。

18）装货港/指运港

装货港填报进口货物在运抵我国关境前的最后一个境外装运港。

指运港填报出口货物运往境外的最终目的港；最终目的港不可预知的，按尽可能预知的目的港填报。

本栏应根据实际情况按海关规定的《港口代码表》选择填报相应的港口中文名称及代码。装货港/指运港在《港口代码表》中无港口中文名称及代码的，可选择填报相应的国家中文名称或代码。无实际进出境的，本栏目填报“中国境内”（代码 142）。

19）境内目的地/境内货源地

境内目的地填报已知的进口货物在国内的消费、使用地或最终运抵地，其中最终运抵地为最终使用单位所在的地区。最终使用单位难以确定的，填报货物进口时预知的最终收货单位所在地。

境内货源地填报出口货物在国内的产地或原始发货地。出口货物产地难以确定的，填报最早发运该出口货物的单位所在地。

本栏按海关规定的《国内地区代码表》选择填报相应的国内地区名称及代码。

20）许可证号

填报以下许可证的编号：进（出）口许可证、两用物项和技术进（出）口许可证、两用物项和技术出口许可证（定向）、纺织品临时出口许可证。

一份报关单只允许填报一个许可证号。

21）成交方式

应根据进出口货物实际成交价格条款，按海关规定的《成交方式代码表》选择填报相应的成交方式代码。

无实际进出境的报关单，进口填报 CIF，出口填报 FOB。

22）运费

填报进口货物运抵我国境内输入地点起卸前的运输费用，出口货物运至我国境内输出地点装载后的运输费用。运费可按运费单价、总价或运费率三种方式之一填报，注明运费标记（运费标记“1”表示运费率，“2”表示每吨货物的运费单价，“3”表示运费总价），并按海关规定的《货币代码表》选择填报相应的币种代码。

23）保费

填报进口货物运抵我国境内输入地点起卸前的保险费用，出口货物运至我国境内输出地点装载后的保险费用。保费可按保险费总价或保险费率两种方式之一填报，注明保险费标记（保险费标记“1”表示保险费率，“3”表示保险费总价），并按海关规定的《货币代码表》选择填报相应的币种代码。

24）杂费

填报成交价格以外的、按照《中华人民共和国进出口关税条例》相关规定应计入完税价格或应从完税价格中扣除的费用。可按杂费总价或杂费率两种方式之一填报，注明杂费标记（杂费标记“1”表示杂费率，“3”表示杂费总价），并按海关规定的《货币代码表》选择填报相应的币种代码。应计入完税价格的杂费填报为正值或正率，应从完税价格中扣除的杂费填报为负值或负率。

25）合同协议号

填报进出口货物合同（包括协议或订单）编号。未发生商业性交易的免予填报。

26）件数

填报有外包装的进出口货物的实际件数。特殊情况填报要求如下。

（1）舱单件数为集装箱的，填报集装箱个数。

（2）舱单件数为托盘的，填报托盘数。

本栏不得填报为零，裸装货物填报为“1”。

27）包装种类

本栏应根据进出口货物的实际外包装种类，按海关规定的《包装种类代码表》选择填报相应的包装种类代码。

28）毛重（千克）

本栏填报进出口货物及其包装材料的重量之和，计量单位为千克，不足一千克的填报为“1”。

29）净重（千克）

本栏填报进出口货物的毛重减去外包装材料后的重量，即货物本身的实际重量，计量单位为千克，不足一千克的填报为“1”。

30）集装箱号

本栏填报装载进出口货物（包括拼箱货物）集装箱的箱体信息。一个集装箱填一条记录，分别填报集装箱号（在集装箱箱体上标示的全球唯一编号）、集装箱的规格和集装箱的自重。非集装箱货物填报为“0”。

31）随附单证

本栏根据海关规定的《监管证件代码表》选择填报除本规范第十八条规定的许可证件以外的其他进出口许可证件或监管证件代码及编号。

本栏分为随附单证代码和随附单证编号两栏，其中代码栏应按海关规定的《监管证件代码表》选择填报相应证件代码；编号栏应填报证件编号。

（1）加工贸易内销征税报关单，随附单证代码栏填写“c”，随附单证编号栏填报海关审核通过的内销征税联系单号。

（2）优惠贸易协定项下进出口货物，有关优惠贸易协定项下报关单填报要求将另行公告。

32）标记唛头及备注

本栏填报要求如下。

（1）标记唛头中除图形以外的文字、数字。

（2）受外商投资企业委托代理其进口投资设备、物品的进出口企业名称。

（3）与本报关单有关联的，同时在业务管理规范方面又要求填报的备案号，填报在电子数据报关单中“关联备案”栏。

加工贸易结转货物及凭《征免税证明》转内销货物，其对应的备案号应填报在“关联备案”栏。

减免税货物结转进口（转入），报关单“关联备案”栏应填写本次减免税货物结转所申请的《中华人民共和国海关进口减免税货物结转联系函》的编号。减免税货物结转出口（转出），报关单“关联备案”栏应填写与其相对应的进口（转入）报关单“备案号”栏中《征免税证明》的编号。

（4）与本报关单有关联关系的，同时在业务管理规范方面又要求填报的报关单号，填报在电子数据报关单中“关联报关单”栏。

加工贸易结转类的报关单，应先办理进口报关，并将进口报关单号填入出口报关单的“关联报关单”栏。

办理进口货物直接退运手续的，除另有规定外，应当先填写出口报关单，再填报进口报关单，并将出口报关单号填入进口报关单的“关联报关单”栏。减免税货物结转出口（转出），应先办理进口报关，并将进口（转入）报关单号填入出口（转出）报关单的“关联报关单”栏。

（5）办理进口货物直接退运手续的，本栏填报《进口货物直接退运表》或者《海关责令进口货物直接退运通知书》编号。

（6）保税监管场所进出货物，在“保税/监管场所”栏填报本保税监管场所编码，其中涉及货物在保税监管场所间流转的，在本栏填报对方保税监管场所代码。

（7）涉及加工贸易货物销毁处置的，填报海关加工贸易货物销毁处置申报表编号。

（8）当监管方式为“暂时进出货物”（2600）和“展览品”（2700）时，如果为复运进出境货物，本栏分别填报“复运进境”和“复运出境”。

（9）跨境电子商务进出口货物，本栏填报“跨境电子商务”。

（10）加工贸易副产品内销，本栏填报“加工贸易副产品内销”。

（11）公式定价进口货物应在报关单备注栏内填报公式定价备案号，格式为：“公式定价”备案编号“@”。对于同一报关单下有多项商品的，如需要指明某项或某几项商品为公式定价备案的，则备注栏内填报应为：“公式定价”备案编号“#”商品序号“@”。

（12）获得《预审价决定书》的进出口货物，应在报关单备注栏内填报《预审价决定书》编号，格式为预审价（P2 位商品项号决定书编号），若报关单中有多项商品为预审价，需依次写入括号中，如预审价（P01VD511500018P02VD511500019）。

（13）含预归类商品报关单，应在报关单备注栏内填写预归类 R-3-关区代码-年份-顺序编号，其中关区代码、年份、顺序编号均为四位数字，例如 R-3-0100-2016-0001。

（14）含归类裁定报关单，应在报关单备注栏内填报归类裁定编号，格式为“c” 四位数字编号，如 c0001。

（15）申报时其他必须说明的事项填报在本栏。

33）项号

本栏分两行填报及打印。第一行填报报关单中的商品顺序编号；第二行专用于加工贸易、减免税等已备案、审批的货物，填报和打印该项货物在《加工贸易手册》或《征免税证明》等备案、审批单证中的顺序编号。

加工贸易项下进出口货物的报关单，第一行填报报关单中的商品顺序编号，第二行填报该项商品在《加工贸易手册》中的商品项号，用于核销对应项号下的料件或成品数量。其中第二行特殊情况填报要求如下。

（1）深加工结转货物，分别按照《加工贸易手册》中的进口料件项号和出口成品项号填报。

（2）料件结转货物（包括料件、制成品和未完成品折料），出口报关单按照转出《加工贸易手册》中进口料件的项号填报；进口报关单按照转进《加工贸易手册》中进口料件的项号填报。

（3）料件复出货物（包括料件、边角料），出口报关单按照《加工贸易手册》中进口料件的项号填报；如边角料对应一个以上料件项号时，填报主要料件项号。料件退换货物（包括料件、不包括未完成品），进出口报关单按照《加工贸易手册》中进口料件的项号填报。

（4）成品退换货物，退运进境报关单和复运出境报关单按照《加工贸易手册》原出口成品的项号填报。

（5）加工贸易料件转内销货物（以及按料件办理进口手续的转内销制成品、残次品、未完成品）应填报进口报关单，填报《加工贸易手册》进口料件的项号；加工贸易边角料、副产品内销，填报《加工贸易手册》中对应的进口料件项号。如边角料或副产品对应一个以上料件项号时，填报主要料件项号。

（6）加工贸易成品凭《征免税证明》转为减免税货物进口的，应先办理进口报关手续。进口报关单填报《征免税证明》中的项号，出口报关单填报《加工贸易手册》原出口成品项号，进、出口报关单货物数量应一致。

（7）加工贸易货物销毁，本栏应填报《加工贸易手册》中相应的进口料件项号。

（8）加工贸易副产品退运出口、结转出口，本栏应填报《加工贸易手册》中新增的变更副产品的出口项号。

（9）经海关批准实行加工贸易联网监管的企业，按海关联网监管要求，企业需申报报关清单的，应在向海关申报进出口（包括形式进出口）报关单前，向海关申报“清单”。一份报关清单对应一份报关单，报关单上的商品由报关清单归并而得。加工贸易电子账册报关单中项号、品名、规格等栏的填报规范比照《加工贸易手册》。

34）商品编号

本栏填报的商品编号由 10 位数字组成。前八位为《中华人民共和国进出口税则》确定的进出口货物的税则号列，同时也是《中华人民共和国海关统计商品目录》确定的商品编码，后两位为符合海关监管要求的附加编号。

35）商品名称、规格型号

本栏分两行填报及打印。第一行填报进出口货物规范的中文商品名称，第二行填报规格型号。

具体填报要求如下：

（1）商品名称及规格型号应据实填报，并与进出口货物收发货人或受委托的报关企业所提交的合同、发票等相关单证相符。

（2）商品名称应当规范，规格型号应当足够详细，以能满足海关归类、审价及许可证件管理要求为准，可参照《中华人民共和国海关进出口商品规范申报目录》中对商品名称、规格型号的要求进行填报。

（3）加工贸易等已备案的货物，填报的内容必须与备案登记中同项号下货物的商品名称一致。

（4）对需要海关签发《货物进口证明书》的车辆，商品名称栏应填报“车辆品牌 排气量（注明 cc）车型（如越野车、小轿车等）”。进口汽车底盘不填报排气量。车辆品牌应按照《进口机动车辆制造厂名称和车辆品牌中英文对照表》中“签注名称”一栏的要求填报。规格型号栏可填报“汽油型”等。

（5）由同一运输工具同时运抵同一口岸并且属于同一收货人、使用同一提单的多种进口货物，按照商品归类规则应当归入同一商品编号的，应当将有关商品一并归入该商品编号。商品名称填报一并归类后的商品名称；规格型号填报一并归类后商品的规格型号。

（6）加工贸易边角料和副产品内销，边角料复出口，本栏填报其报验状态的名称和规格型号。

（7）进口货物收货人以一般贸易方式申报进口属于《需要详细列明申报的汽车零部件清单》（海关总署 2006 年第 64 号公告）范围内的汽车生产件的，应按以下要求填报。

① 商品名称填报进口汽车零部件的详细中文商品名称和品牌，中文商品名称与品牌之间用“/”相隔，必要时加注英文商业名称；进口的成套散件或者毛坯件应在品牌后加注“成套散件”“毛坯”等字样，并与品牌之间用“/”相隔。

② 规格型号填报汽车零部件的完整编号。在零部件编号前应当加注“S”字样，并与零部件编号之间用“/”相隔，零部件编号之后应当依次加注该零部件适用的汽车品牌和车型。

汽车零部件属于可以适用于多种汽车车型的通用零部件的，零部件编号后应当加注“TY”字样，并用“/”与零部件编号相隔。与进口汽车零部件规格型号相关的其他需要申报的要素，或者海关规定的其他需要申报的要素，如“功率”“排气量”等，应当在车型或“TY”之后填报，并用“/”与之相隔。汽车零部件报验状态是成套散件的，应当在“标记唛码及备注”栏内填报该成套散件装配后的最终完整品的零部件编号。

（8）进口货物收货人以一般贸易方式申报进口属于《需要详细列名申报的汽车零部件清单》（海关总署 2006 年第 64 号公告）范围内的汽车维修件的，填报规格型号时，应当在零部件编号前加注“W”，并与零部件编号之间用“/”相隔；进口维修件的品牌与该零部件适用的整车厂牌不一致的，应当在零部件编号前加注“WF”，并与零部件编号之间用“/”相隔。其余申报要求同上条执行。

36）数量及单位

本栏分三行填报及打印。

（1）第一行应按进出口货物的法定第一计量单位填报数量及单位，法定计量单位以《中华人民共和国海关统计商品目录》中的计量单位为准。

（2）凡列明有法定第二计量单位的，应在第二行按照法定第二计量单位填报数量及单位。无法定第二计量单位的，本栏第二行为空。

（3）成交计量单位及数量应填报并打印在第三行。

（4）法定计量单位为“千克”的数量填报，特殊情况下填报要求如下。

① 装入可重复使用的包装容器的货物，应按货物扣除包装容器后的重量填报，如罐装同位素、罐装氧气及类似品等。

② 使用不可分割包装材料和包装容器的货物，按货物的净重填报（即包括内层直接包装的净重重量），如采用供零售包装的罐头、化妆品、药品及类似品等。

③ 按照商业惯例以公量重计价的商品，应按公量重填报，如未脱脂羊毛、羊毛条等。

④ 采用以毛重作为净重计价的货物，可按毛重填报，如粮食、饲料等大宗散装货物。

⑤ 采用零售包装的酒类、饮料，按照液体部分的重量填报。

（5）成套设备、减免税货物如需分批进口，货物实际进口时，应按照实际报验状态确定数量。

（6）具有完整品或制成品基本特征的不完整品、未制成品，根据《商品名称及编码协调制度》归类规则应按完整品归类的，按照构成完整品的实际数量填报。

（7）加工贸易等已备案的货物，成交计量单位必须与《加工贸易手册》中同项号下货物的计量单位一致，加工贸易边角料和副产品内销、边角料复出口，本栏填报其报验状态的计量单位。

（8）优惠贸易协定项下进出口商品的成交计量单位必须与原产地证书上对应商品的计量单位一致。

（9）法定计量单位为立方米的气体货物，应折算成标准状况（即摄氏零度及一个标准大气压）下的体积进行填报。

37）原产国（地区）

原产国（地区）应依据《中华人民共和国进出口货物原产地条例》《中华人民共和国海关关于执行〈非优惠原产地规则中实质性改变标准〉的规定》以及海关总署关于各项优惠贸易协定原产地管理规章规定的原产地确定标准填报。同一批进出口货物的原产地不同的，应分别填报原产国（地区）。进出口货物原产国（地区）无法确定的，填报“国别不详”（代码 701）。

本栏应按海关规定的《国别（地区）代码表》选择填报相应的国家（地区）名称及代码。

38）最终目的国（地区）

最终目的国（地区）填报已知的进出口货物的最终实际消费、使用或进一步加工制造国家（地区）。不经过第三国（地区）转运的直接运输货物，以运抵国（地区）为最终目的国（地区）；经过第三国（地区）转运的货物，以最后运往国（地区）为最终目的国（地区）。同一批进出口货物的最终目的国（地区）不同的，应分别填报最终目的国（地区）。进出口货物不能确定最终目的国（地区）时，以尽可能预知的最后运往国（地区）为最终目的国（地区）。

本栏应按海关规定的《国别（地区）代码表》选择填报相应的国家（地区）名称及代码。

39）单价

本栏填报同一项号下进出口货物实际成交的商品单位价格。无实际成交价格的，本栏填报单位货值。

40）总价

本栏填报同一项号下进出口货物实际成交的商品总价格。无实际成交价格的，本栏填报货值。

41）币制

本栏应按海关规定的《货币代码表》选择相应的货币名称及代码填报，如《货币代码表》中无实际成交币种，需将实际成交货币按申报日外汇折算率折算成《货币代码表》列明的货币填报。

42）征免

本栏应按照海关核发的《征免税证明》或有关政策规定，对报关单所列每项商品选择海关规定的《征减免税方式代码表》中相应的征减免税方式填报。加工贸易货物报关单应根据《加工贸易手册》中备案的征免规定填报；《加工贸易手册》中备案的征免规定为“保金”或“保函”的，应填报“全免”。

43）特殊关系确认

本栏根据《中华人民共和国海关审定进出口货物完税价格办法》（以下简称《审价办法》）第十六条，填报确认进出口行为中买卖双方是否存在特殊关系，有下列情形之一的，应当认为买卖双方存在特殊关系，本栏应填报“是”，反之则填报“否”。

（1）买卖双方为同一家族成员的。

（2）买卖双方互为商业上的高级职员或者董事的。

本章小结

1. 我国实行先报检后报关，因此要弄清楚报检、报关需要准备哪些材料，备齐需要的材料，正确填写报检、报关单，提高报检、报关的速度，加快交货的时间，从而提前收汇。

2. 在实践中，报检是影响出口速度的重要环节，根据货物情况提前申请报检是非常重要的。

3. 报检单、报关单的缮制细节比较多，实践中企业往往会委托专业的报关行代理报关，这样能够提高报关的速度。

练习题

一、单项选择题

1. 我国出口报关的期限是（　　）。

   A．装运前 24 小时　　B．装运前 48 小时
   C．装运前 3 天　　D．装运前 7 天

2. 我国出口报检的期限是（　　）。

   A．装运前 2 天　　B．装运前 5 天
   C．装运前 7 天　　D．装运前 10 天

3. 《海关法》规定，若进口货物预期申报的，海关将征收滞报金（　　）。

   A．5%　　B．0.05%　　C．0.5%　　D．0.005%

4. 如果报关企业受委托人的委托，向海关报关时发生伪报或瞒报的行为，由海关按照法律规定向（　　）追究责任。

A．委托人　　B．报关企业　　C．报关员　　D．ABC 都有责任

5．下列需要申请报检的是（　　）。

A．货物　　B．交通工具　　C．行李邮包　　D．ABC 都需要

二、判断题

1．在我国所有出口的商品都需要商检。（　　）
2．一份报关单只能对应一个提运单号。（　　）
3．我国履行的是先报关后报检。（　　）
4．不能委托报关，必须出口企业自己报关。（　　）
5．报关必须由持证的报关员进行。（　　）

三、查阅以下网址，了解每个网站的具体内容及用途

1．中国检验检疫电子业务网（http://www.eciq.cn/）
2．国家质量监督检验检疫总局（http://www.aqsiq.gov.cn/）
3．中国电子口岸（http://www.chinaport.gov.cn/）
4．中华人民共和国海关总署（http://www.customs.gov.cn/publish/portal0/）

第 6 章　制作全套外贸业务单据

【本章任务】

1. 根据信用证填写商业发票。
2. 根据信用证填写装箱单。
3. 能够区分不同类型的发票并填写。
4. 准确翻译信用证单据条款中对各个单据的要求。

任务情境：2016 年 4 月 20 日，魏经理要求 YOYO 对信用证中的单据条款进行梳理，明确信用证要求提供哪些单据？根据信用证中的单据条款要求制作全套单据。魏经理强调商业发票是单据中最早的单据，是缮制其他单据的基础单据，也是缮制过程中的第一张单据，因此在缮制过程中一定要100%准确，因为发票出错则会导致其他单据跟着出错。装箱单是对发票的重要补充，租船订舱、报关、报检等手续均需要提供发票和装箱单。魏经理要求 YOYO 在 4 月 25 日之前备好全套单据，并提醒 YOYO 要注意单据之间的日期要求。哪些先？哪些后？建议 YOYO 先将单据根据流程需要及信用证要求的最晚交单期将单据按照先后顺序排列，然后再针对信用证对单据的要求注意制作。

6.1　发票的概念和种类

6.1.1　商业发票的概念

商业发票（Commercial Invoice），简称为发票（Invoice），是卖方（出口方）在发货时，向买方（进口方）开立的发货价目清单，是对所装运货物及整个交易的总说明，并凭以向买方收取货款、清算债权债务，也是进出口报关缴税的依据。商业发票是一笔业务的全面反映，是进出口贸易结算中使用的最主要的单据之一。其内容包括商品的名称、规格、价格、数量、金额、包装等，是进口商办理进口报关不可缺少的文件，因此商业发票是全套出口单据的核心，在单据制作过程中均需参照商业发票缮制。

商业发票没有统一规定的格式，每个出具商业发票的单位都有自己的发票格式。虽然格式各有不同，但是，商业发票填制的项目大同小异。一般来说，商业发票应该具备以下主要内容。

（1）首文部分：发票的名称，发票号码，合同号码，发票的出票日期和地点，以及船名，装运港，卸货港，发货人，收货人等。

（2）文本部分：主要包括唛头，商品名称，货物数量、规格、单价、总价、毛重、净重等内容。

（3）结文部分：发票的结文一般包括信用证中加注的特别条款或文句，签字盖章。有些国家规定，写在签署人签字以下的文字内容无效。因此，应该特别注意，发票的各项内容应该列在签字之上。

6.1.2　发票的分类

发票的种类主要包括商业发票、形式发票、海关发票、领事发票和厂商发票等。

（1）商业发票（Commercial Invoice），出口商于货物运出时开给进口商作为进货记账或结算货款和报关缴税的凭证。

（2）形式发票（Proforma Invoice），也称预开发票，是出口商应进口商的请求出具的，供其向本国贸易或外汇管理当局等部门申请进口或批准给予支付外汇之用的非正式的参考性发票。

特别提示： 形式发票只是一张报价单或意向书，没有法律效率，不能用于托收和议付。其所标注的单价与商业发票一致，数量可以不一致。

（3）海关发票（Customs Invoice），是出口商根据进口国海关规定的特定格式填制的，供进口商凭以报关用的一种特殊发票。

海关发票的作用有以下几点。

① 供进口国海关核定货物的原产国，以便根据国别政策对进口商品采取不同的进口税率和决定是否允许进口。

② 供进口国海关掌握进口商品在出口国国内市场的价格情况，以核定商品的成本价值，确定进口商品是否属低价倾销，以便征收反倾销税。

③ 是进口国海关对进口货物进行统计、海关估价和征税的依据。

（4）领事发票（Consular Invoice），又称签证发票，是按某些国家法令规定，出口商对其国家输入货物时必须取得进口国在出口国或其邻近地区的领事签证的、作为装运单据一部分和货物进口报关的前提条件之一的特殊发票。

（5）厂商发票是由出口商品的制造厂商提供的，以其本国货币计算价格的，用以证明出口货物在本国国内市场出厂价格的发票。主要是为了供进口国海关进行估价之用，以确定该出口商品是否有低价倾销行为，并据此核定税率。

6.1.3　商业发票的作用

（1）可供进口商了解和掌握装运货物的全面情况。发票是一笔交易的全面叙述，详细列明了该装运货物的货物名称、商品规格、装运数量、价格条款、商品单价和商品总值等全面情况。进口商可以依据出口商提供的发票，核对签订合同的项目，了解和掌握合同的履约情况，进行验收。

（2）作为进口商记账、进口报关、海关统计和报关缴税的依据。发票是销售货物的凭证，对进口商来说，需要根据发票逐笔登记入账，按时结算货款。进口商在清关时需要向当地海关当局递交出口商发票，海关凭以核算税金，验关放行和统计的凭证之一。

（3）出口商凭以发票的内容，逐笔登记入账。在货物装运前，出口商需要向海关递交商业发票，作为报关发票，海关凭以核算税金，并作为验关放行和统计的凭证之一。

（4）在不用汇票的情况下，发票可以代替汇票作为付款依据。

在即期付款不出具汇票的情况下，发票可作为买方支付货款的根据，替代汇票进行核算。光票付款的方式下，因为没有货运单据跟随，也经常跟随发票，商业发票起着证实装运货物和交易情况的作用。另外，一旦发生保险索赔时，发票可以作为货物价值的证明等。

6.1.4 商业发票的缮制

商业发票样单，如表6-1所示。

表6-1 商业发票样单

<table>
<tr><td colspan="5">ONEIDA(Guangzhou) Tableware CO., LTD.
27 ZHONGSHAN ROAD, GUANGZHOU, CHINA</td></tr>
<tr><td colspan="5">COMMERCIAL INVOICE</td></tr>
<tr><td colspan="3" rowspan="3">To:</td><td>Invoice No.:</td><td></td></tr>
<tr><td>Invoice Date:</td><td></td></tr>
<tr><td>S/C No:</td><td></td></tr>
<tr><td>From:</td><td colspan="2"></td><td colspan="2">To:</td></tr>
<tr><td>Marks and Numbers</td><td>Number and kind of package
Description of goods</td><td>Quantity</td><td>Unit Price</td><td>Amount</td></tr>
<tr><td></td><td></td><td></td><td></td><td></td></tr>
<tr><td colspan="2">TOTAL:</td><td></td><td></td><td></td></tr>
<tr><td>SAY TOTAL:</td><td colspan="4"></td></tr>
<tr><td colspan="5"></td></tr>
</table>

Sign

商业发票的基本内容如下。

（1）出口商名称和地址（Exporter's Name and Address）。

（2）商业发票须载明"商业发票"（Commercial Invoice）字样；具体缮制的时候要根据信用证中的要求缮制，信用证中若用的是"Invoice"则发票名称就用"Invoice"。

（3）收货人名称和地址（Consignee's Name and Address）。

（4）发票编号（Invoice Number）。

（5）发票签发日期（Date of Issue）。

特别提示： 在全套单据中，发票是签发日最早的单据。它只要不早于合同的签订日期，不迟于提单的签发日期即可。

（6）合同或订单号码（Contract Number or Order Number）。

（7）起运及目的地（From…to…），起讫地要填上货物自装运地（港）至目的地（港）的地名，有转运情况应予以表示。这些内容应与提单上的相关部分一致，如果货物需要转运则注明转运地。

例如，From Qingdao to New York W/T Shanghai。

（8）唛头及件数（Marks and Numbers），发票中的唛头应与信用证规定的唛头相一致，如果没有唛头，可以打上 N/M（No Mark）。

（9）包装种类、数量及货物描述（Number and Kind of Package；Description of Goods），最大包装的数量及包装种类、货物的描述。

特别提示： 商业发票的货物描述部分要与信用证严格相符，一般情况下可以直接将信用证的相关内容复制粘贴过来，若信用证用的是统称，则需要详细列明品名、规格、型号。如是托收方式下，发票对货物的描述内容可参照合同的规定结合实际情况进行填制。

（10）数量（Quantity），商品的数量。数量必须反映货物的实际装运数量，做到单证一致。

（11）价格及价格条件（Unit Price and Price Term）。

（12）总金额（Amount），在信用证支付方式下，发票的金额应与信用证规定相符，在有佣金、折扣的交易中，应在发票的总值中列明扣除佣金或折扣的若干百分比。除非信用证另有规定，发票金额不能超过信用证规定的最高金额。

例如，来证要求"From Each Invoice 8 Percent Commission Must Be Deducted"，总额为"USD30000.00 FOBC8 Dalian"，则填在价格栏中的金额的计算如下：

FOBC8 Dalian USD30000.00
-C8 USD2400.00
FOBDalian USD27600.00

如果信用证内没有扣除佣金的规定，但金额正好是减去佣金后的净额，则发票应显示减去的佣金，否则发票金额会超过信用证金额。

（13）声明文句。信用证要求在发票内特别加列的如船名、原产地、进口许可证号码等声明文句，制单时必须一一详列。常用的声明文句有以下几种。

① 证明所到货物与合同或订单所列货物相符。

例如，We certify that the goods named have been supplied in conformity with Order No. 123.

兹证明本发票所列货物与第 123 号合同相符。

② 证明原产地。

例如，We hereby certify that the above mentioned goods are of Chinese Origin.

（14）出单人签字盖章（Signature）商业发票只能由信用证中规定的受益人出具。除非信用证另有规定，如果用影印、电脑处理或者复写方法制作出来的发票，应该在作为正本的发票上注明“正本”（Original）的字样，并且由出单人签字。

特别提示： 如果信用证没有规定发票一定要签字盖章，发票可以不签字盖章；但用于报关、报检等手续方面的发票需要签字盖章。

在商业发票正中下方，通常印有“错漏当查”（E&O.E.），即“Errors and Omissions Excepted”（错误和遗漏除外），表示发票的制作者在发票一旦出现差错时，可以纠正。但如果发票上有证明文句，如 We hereby certify that the contents of invoice herein are true and correct.，则不能印有“错漏当查”（E&O.E.）的字样。

6.1.5 信用证中的发票条款举例

（1）SIGNED ORIGINAL COMMERCIAL INVOICE IN TRIPLICATE SHOWING A DEDUCTION OF USD500.00 BEING COMMISSION, FOB VALUE AND FREIGHT CHARGES.

（2）MANUALLY SIGNED COMMERCIAL INVOICE IN 4 FOLDS INDICATING ISSUING BANK NAME,L/C NO. AND CONTRACT NO.5188.

（3）SIGNED COMMERCIAL INVOICE IN TWO COPIES, SHOWING MERCHANDISE TO BE OF CHINESE ORIGIN AND CERTIFIED BY COMPETENT AUTHORITY.

（4）SIGNED COMMERCIAL INVOICE IN DUPLICATE SHOWING A DEDUCTION OF USD200.00 BEING COMMISSIO.

练习 1：根据 2.2 节任务 2 中修改后的信用证资料，缮制一份商业发票

<table>
<tr><td colspan="5">ONEIDA(Guangzhou) Tableware CO., LTD.
27 ZHONGSHAN ROAD, GUANGZHOU, CHINA</td></tr>
<tr><td colspan="5">COMMERCIAL INVOICE</td></tr>
<tr><td colspan="3" rowspan="3">To:</td><td>Invoice No.:</td><td></td></tr>
<tr><td>Invoice Date:</td><td></td></tr>
<tr><td>S/C No:</td><td></td></tr>
<tr><td>From:</td><td colspan="2"></td><td colspan="2">To:</td></tr>
<tr><td>Marks and Numbers</td><td>Number and kind of package
Description of goods</td><td>Quantity</td><td>Unit Price</td><td>Amount</td></tr>
<tr><td></td><td></td><td></td><td></td><td></td></tr>
<tr><td colspan="2">TOTAL:</td><td></td><td></td><td></td></tr>
<tr><td>SAY TOTAL:</td><td colspan="4"></td></tr>
<tr><td colspan="5"></td></tr>
</table>

6.2　包装单据的作用及缮制方法

6.2.1　包装单据

1．包装单据的概念

国际贸易中的货物买卖数量较大，花色品种繁多，无法在商业发票上一一列明，必须使用包装单据加以说明。包装单据（Packing Documents）是记载或描述商品包装情况的单据，是对商业发票内容的重要补充，是买方收货时核对货物的品种、花色、尺寸、规格和海关验收的主要依据。

2．包装单据的作用

（1）出口商缮制商业发票及其他单据时计量和计价的基础资料。

（2）是进口商清点货物数量、重量以及进行销售的依据。

（3）是海关、公证或商检机构查验货物的参考资料。

3．包装单据的种类

包装单据的种类包括装箱单（Packing List）、规格单（Specification List）、重量单/磅码单（Weightlist/Memo）、尺码单（Measurement List）、中性包装单（Neutral Packing List）、包装声明（Packing Declaration）、包装说明（Packing Specification）、包装提要（Packing Summary）、重量证书（Weight Certificate）、花色搭配单（Assortment List）等。

6.2.2 包装单据的缮制

包装单据样单，如表 6-2 所示。

表 6-2 包装单据样单

ONEIDA(Guangzhou) Tableware CO., LTD.
27 ZHONGSHAN ROAD, GUANGZHOU, CHINA

PACKING LIST

To: **Invoice No.:** ____________

Invoice Date:

From: **To:**

Marks and Numbers	Number and kind of package Description of goods	Quantity	Package	G.W	N.W	Meas.

TOTAL:

SAY TOTAL:

包装单的缮制注意事项有以下几点。

（1）名称应与信用证规定一致。

（2）包装单的出单日期不得早于发票的日期，可以与发票同一天。

（3）应列明货物单件的毛重、净重和总的毛重、净重，且数字必须与其他单据相符。

（4）一般不应显示货物的单价和总价。

（5）信用证的特殊规定，必须在单据中充分体现出来。如信用证规定每件装一袋、每打装一盒、每 20 打装一箱，则必须注明：PACKING：EACH PIECE IN A BAG，EACH DOZEN IN A CARTON BOX，THEN 20 DOZENS IN A CARTON。

6.2.3　信用证中包装单据条款举例

（1）PACKING LIST IN DUPLICATE ISSUED BY BENEFICIARY INDICATING QUANTITY, GROSS WEIGHT, NET WEIGHT AND MEASUREMENT OF EACH PACKAGE.

（2）PACKING LIST IN FOUR COPIES SHOWING THE TOTAL GROSS WEIGHT, TOTAL NET WEIGHT,NUMBERS OF PACKAGES.

（3）DETAILED PACKING LIST IN QUADRUPLICATE SHOWING THE CONTENTS AND QUANTITY OF EACH CASES.

（4）DETAILED WEIGHT AND MEASUREMENT LIST SHOWING THE DETAIL OF COLORS, SIZES AND QUANTITIES IN EACH CARTON AND ALSO NET WEIGHT AND GROSS WEIGHT.

（5）PACKING LIST IN TRIPLICATE ISSUED BY BENEFICIARY INDICATING QUANTITY, GROSS AND NET WEIGHT OF EACH PACKAGE/CONTAINER.

练习 2：根据 2.2 节任务 2 中修改后的信用证资料，缮制一份装箱单

ONEIDA(Guangzhou) Tableware CO., LTD.
27 ZHONGSHAN ROAD, GUANGZHOU, CHINA

PACKING LIST

To: 　　　　　　　　　　　　　　　**Invoice No.:** ____________

Invoice Date:

From: 　　　　　　　　　　　　　　**To:**

Marks and Numbers	Number and kind of package Description of goods	Quantity	Package	G.W	N.W	Meas.

TOTAL:

SAY TOTAL:

6.3 官方单证的缮制

6.3.1 进出口许可证的缮制方法

进出口货物许可证是国家管理货物出境的法律凭证，包括法律、行政法规规定的各种具有许可进口或出口性质的证明、文件。具体有以下三层含义。

（1）进出口货物许可证是国家机关签发的具有法律效力的文件。进出口货物许可证是国家批准特定企业、单位进出口货物的文件。因此，进出口货物许可证不得买卖、转让、伪造和变卖。

（2）进出口货物许可证是批准进出口特定货物的文件。

（3）进出口货物许可证是一种证明文件。因此，凡实行进出口配额许可证管理和进出口许可证管理的商品，各类进出口企业应在进出口前按规定向指定的发证机构申领进出口许可证，海关凭进出口许可证接受和办理通关手续。

特别提示：在我国，对于法律规定需要进出口许可证的产品，必须先拿到进出口许可证，海关才给予报关。

6.3.2 办理进出口许可证的流程

1. 申请

即由申领单位或个人（以下简称“领证人”）向发证机关提出书面申请。同时也须向发证机关交验有关证件或材料——外贸公司凭合同正本（或复印件）；非外贸单位凭主管部门（厅、局级）的批准件。

2. 审核、填表

发证机关收到上述有关申请材料后进行审核。经同意后，由领证人按规定要求填写《中华人民共和国出口许可证申请表》。

3. 输入计算机

填好的出口许可证申请表，由申请单位加盖公章后送交发证机关，经审核符合要求的，由发证机关将申请表各项内容输入计算机。

4. 发证

发证机关在申请表送交后的三个工作日内，签发《中华人民共和国出口许可证》，一式四联，将第一、二、三联交领证人，凭以向海关办理货物出口报关和银行结汇手续。同时，收取一定的办证费用。

6.3.3　进出口许可证的缮制

出口许可证样单，如表 6-3 所示。

表 6-3　出口许可证样单

中华人民共和国出口货物许可证

EXPORT LICENCE THE PEOPLE'S REPUBLIC OF CHINA　　A 类

申领许可证单位　编码 Exporter			出口许可证编号 License No.		
发货单位 Consignee			许可证有效期 Validity		
贸易方式 Terms of			输往国家（地区） Country of destination		
合同号 Contract No.			收款方式 Terms of payment		
出运口岸 Port of shipment			运输方式 Means of transport		
唛头——包装件数 Marks & numbers—number of packages					
商品名称 Desertification of commodity			商品编码 Commodity No.		
商品规格、型号 Specification	单位 Unit	数量 Quantity	单价（） Unit price	总值（） Amount	总值折美元（） Amount in USD
总计 Total					
备注 Supplementary details			发证机关盖章 Issuing Authority's Stamp 发证日期 Signature Date		

商务部监制　　本证不得涂改，不得转让

出口许可证具体内容如下。

（1）申请单位名称及编码（Exporter）：应填写有出口经营权的各类进出口企业的全称或有出口经营权的代理公司全称；若为非外贸单位经批准出口货物，此栏应填写该单位全称；编码按发证机关编定的代码填写，共八位；无代码的，则填八个“0”。

（2）发货单位名称及编码（Consigner）：发货人一般与出口商是一致的，此栏一般填写出口公司的全称及统一编制的编码，与第一栏内容基本相同。

（3）出口许可证编号（License No.）：编号由发证机关统一排定。

（4）许可证有效期（Validity）：应填写许可证的到期日。

（5）对实行“一批一证”制的许可证有效期从发证之日算起，最长不超过三个月。

（6）对不实行“一批一证”制的许可证有效期发证之日算起，最长不超过六个月。

（7）对超过有效期的许可证，最长可展期为两个月，但须经发证机关批准并盖章。

（8）出口指标应在有效年度内使用，跨年度指标视同作废。

（9）贸易方式（Terms of trade）：该栏填写范围包括一般贸易、边境贸易、协定贸易、易货贸易、补偿贸易、进料加工、来料加工、转口贸易、期货贸易、工程承包、外资企业进口、非贸易和租赁出口。出口单位根据实际情况，选填其中一种方式。

（10）合同号（Contract No.）：合同号是指申领许可证、报关及结汇时所用出口合同的编码。该栏应填写当次出口所凭借的成交合同号码，号码长度在 20 个（含 20 个）英文字母或阿拉伯数字之内。

（11）出运口岸（Port of Shipment）：此栏应填写海关验放货物允许出口的边境口岸，即装运港或出境口岸。此栏填写应明确、具体，且最多填写三个口岸。

（12）输往国家（地区）（Country of Destination）：此栏填写货物实际运达或买断的目的国家（地区）。本栏只能填写一个具体国家（地区）的准确全称，不能填写抵达的具体城市或港口全称。

（13）收款方式（Terms of Payment）：根据合同上的付款方式填写。

（14）运输方式（Means of Transport）：货物通关外运的方式可填写海上运输、铁路运输、公路运输、航空运输、邮政运输和自带等。

（15）唛头——包装件数（Marks & Numbers-number of Packages）：此栏应按照发票内容填写。若为散装货物，此栏可不填写；若无唛头，则填写 N/M。

（16）商品名称及商品编码（Description of Commodity & Commodity No.）：此栏应按外经贸部发布的出口许可证管理商品名录的标准名称和统一编码填写。对不属于名录中的出口商品，商品名称填写“其他”，编码填写“9999”。

（17）规格等级（Specification）：此栏用于对出口商品作具体说明，包括具体品种、规格、等级等，出口货物必须与此栏说明的品种、规格或等级相一致。一份许可证该栏的填写数量最多不能超过四个，否则应另行填写出口许可证申请表。

（18）单位（Unit）：此栏应填写货物的计量单位。通常一次外运的货物作为一批，因此商品计量单位栏常填写为“批”。

（19）数量（Quantity）：此栏填写出口许可证允许出口商品的多少，应填写实际出运数量。此栏允许保留一位小数，位数超出一位的，应四舍五入。计量单位为“批”的，数量填为“1”。

（20）单价（Unit Price）：此栏按合同成交单价填写，是与计量单位相一致的单位价格。计量单位为“批”的，此栏应填写商品价值的总金额，整体上将该商品作为单位商品对待。

（21）总值（Amount）：此栏为商品数量与单价的乘积，应与发票上列明的总值一致，小数部分应四舍五入取整。

（22）总值折美元（Amount in USD）：此栏填写由签证机关根据国家公布的外汇牌价将商品总值折算为美元的金额。

（23）总计（Total）：将各项目的合计数分别填入对应栏目。

（24）备注（Supplementary Details）：此栏为补充说明栏，填写以上各栏未尽事宜、需特别说明内容或需强调内容。非一批一证的需在此注明。

（25）发证机关盖章及发证日期（Issuing Authority's Stamp & Signature & Date）：由发证机关盖章并填写发证日期。

6.4 原产地证书的缮制方法

原产地证是证明商品原产地，即货物的生产或制造地的一种证明文件，是商品进入国际贸易领域的“经济国籍”，是进口国对货物确定税率待遇，进行贸易统计，实行数量限制（如配额、许可证等）和控制从特定国家进口（如反倾销税、反补贴税）的主要依据之一。

原产地证一般有三大类：第一类是一般原产地证；第二类是普惠制原产地证；第三类是某些专业性原产地证。

1. 一般原产地证

一般原产地证，即我们常说的CO（Certificate of Origin），是原产地证的一种，用以证明有关出口货物生产地、制造地的一种证明文件，是在国际贸易行为中证明货物“原籍”的证书。在特定情况下进口国据此对进口货物给予不同的关税待遇。

在我国，凡符合《中华人民共和国进出口货物原产地条例》规定的出口产品均可申请办理一般原产地证明书。一般原产地证可以向中华人民共和国检验检疫局（CIQ）或中国国际贸易促进委员会（CCPIT）申请。

在国际贸易中，进口国要求出口国出具货物的原产地证已成为国际惯例。因此，一般原产地证是进行国际贸易的一项重要证明文件，归纳起来，其具有以下几方面的作用。

（1）确定产品关税待遇，提高市场竞争力的重要工具。现在世界上大多数国家，对从不同国家进口的商品使用不同的税率，而关税方面的差别待遇是根据货物的原产地决定的，一般原产地证则是各国海关据以征收关税和实施差别待遇的有效凭证。

（2）证明产品内在品质或结汇的依据。在国际贸易中，一般原产地证还起到证明商品内在品质、提高商品竞争力的作用。

（3）进行贸易统计的依据。各国海关都承担对进出口货物进行统计的职责，一般原产地证则是海关籍以对进口货物进行统计的重要依据。

（4）货物进口国实行有差别的数量控制，进行贸易管理的工具。

2．一般原产地证的缮制

一般原产地证样单，如表 6-4 所示。

一般原产地证的具体内容如下。

产地证的编号（Certificate No.），此栏不得留空，否则证书无效。

（1）出口方（Exporter），填写出口公司的详细地址、名称和国家（地区）名。若经其他国家或地区，需填写转口商名称时，可在出口商后面填英文 via，然后再写转口商名称、地址和国家。

（2）收货方（Consignee），填写最终收货人名称、地址和国家（地区）名。若需填写转口商名称时，可在收货人后面填英文 via，然后再写转口商名称、地址、国家。

（3）运输方式和路线（Means of Transport and Route），填写装运港、目的港、运输方式。若经转运，还应注明转运地。例如，通过海运，由上海港经香港转运至汉堡港，应填为：From Shanghai to Hamburg by Vessel Via Hongkong。

（4）目的地国家（地区）（Country/Region of Destination），填写目的地国家（地区）。一般应与最终收货人或最终目的港（地）国别相一致，不能填写中间商国家名称。

（5）签证机构用栏（For Certifying Authority Use Only），由签证机构在签发后发证、补发证书或加注其他声明时使用。证书申领单位应将此栏留空。一般情况下，该栏不填。

（6）运输标志（Marks and Numbers），填写唛头。应按信用证、合同及发票上所列唛头填写完整图案、文字标记及包装号码。货物如无唛头，应填写“无唛头”（No Mark）字样。此栏不得留空，若本栏空间不够，可在第 8、9 栏内的空白处填写。

表 6-4　一般原产地证样单

ORIGINAL

<table>
<tr><td colspan="3">1. Exporter</td><td colspan="2" rowspan="2">Certificate No.

CERTIFICATE OF ORIGIN　OF
THE PEOPLE'S REPUBLIC OF CHINA</td></tr>
<tr><td colspan="3">2. Consignee</td></tr>
<tr><td colspan="3">3. Means of transport and route</td><td colspan="2" rowspan="2">5. For certifying authority use only</td></tr>
<tr><td colspan="3">4. Country / region of destination</td></tr>
<tr><td>6. Marks and numbers</td><td>7. Number and kind of packages; description of goods</td><td>8. H.S.Code</td><td>9. Quantity</td><td>10. Number and date of invoices</td></tr>
<tr><td colspan="3">11. Declaration by the exporter
The undersigned hereby declares that the above details and statements are correct, that all the goods were produced in China and that they comply with the Rules of Origin of the People's Republic of China.

Place and date, signature and stamp of authorized signatory</td><td colspan="2">12. Certification
It is hereby certified that the declaration by the exporter is correct.

Place and date, signature and stamp of certifying authority</td></tr>
</table>

（7）商品描述、包装数量及种类（Number and Kind of Packages; Description of Goods），商品名称要填写具体名称，不得使用概括性表述，如服装、食品（Garment、Food）等。包装数量及种类要按具体单位填写，应与信用证及其他单据严格一致。包装数量必须用英文和阿拉伯数字同时表示，如货物为散装，在商品名称后加注“散装”（In Bulk）字样。有

时信用证要求在所有单据上加注合同号码、信用证号等，可加注在此栏内。本栏的末行要打上表示结束符号（**************），以防加添内容。

（8）商品编码（H.S.Code），此栏要求填写H.S.编码，应与报关单一致。若同一证书包含有几种商品，则应将相应的税目号全部填写。此栏不得留空。

（9）数量（Quantity），此栏要求填写出口货物的数量及商品的计量单位。如果只有毛重时，则需注明是“G.W.”。

（10）发票号码及日期（Number and Date of Invoice），填写商业发票号码及日期。此栏不得留空，为避免对月份、日期的误解，月份一律用英文表述。

例如，2011年3月15日，则为March.15，2011。

（11）出口方声明（Declaration by The Exporter），填写出口人的名称、申报地点及日期，由在签证机构注册的人员签名，并加盖有中英文的印章。

（12）由签证机构签字、盖章（Certification），填写签证地点、日期。签证机构签证人经审核后在此栏（正本）签名，并盖签证印章。

6.5 普惠制产地证

6.5.1 普惠制产地证的概念

普惠制产地证（Form a 或 GSP Form a）是根据发达国家给予发展中国家的一种关税优惠制度——普遍优惠制签发的一种优惠性原产地证。采用的是格式 A，证书颜色为绿色，简称为Form a或GSP Form a。目前给我国普惠制的国家有欧盟26国（法国、德国、意大利、荷兰、比利时、丹麦、卢森堡、希腊、爱尔兰、葡萄牙、西班牙、瑞典、芬兰、奥地利、马耳他、塞浦路斯、波兰、匈牙利、捷克、斯洛伐克、斯洛文尼亚、爱沙尼亚、拉脱维亚、立陶宛、保加利亚、罗马尼亚）、英国、挪威、瑞士、日本、加拿大、澳大利亚、新西兰、俄罗斯、乌克兰、白俄罗斯、哈萨克斯坦、土耳其、列支敦士登，共39个国家。

普惠制要求达到以下两个条件，才能享受普遍优惠制。

（1）原产地标准，是各给惠国分别对原产品概念所下的定义，分为完全原产产品和含有进口成分的原产产品两大类。

完全原产产品是指全部使用本国产的原材料或零部件，完全由受惠国生产、制造的产品。

含有进口成分的原产产品是指全部或部分使用进口（包括原产地不明）原料或零部件生产、制造的产品，这些原料或零部件在受惠国经过充分加工和制作，其性质和特征达到了“实质性改造”。

（2）直运规则，是指受惠国原产品必须从该受惠国直接运往给惠国，其目的是保证运至给惠国的产品就是出口受惠国发运的原产品，避免在途经第三国时可能进行的再加工和被换包。

6.5.2 普惠制产地证的缮制

普惠制产地证样单，如表 6-5 所示。

表 6-5 普惠制产地证样单

<table>
<tr><td colspan="3">1．Goods consigned from (Exporter's business name, address, country)</td><td colspan="3" rowspan="2">Reference No.

GENERALIZED SYSTEM OF PREFERENCES

CERTIFICATE OF ORIGIN
(Combined declaration and certificate)

FORM A
Issued in THE PEOPLE'S REPUBLIC OF CHINA
(country)
See Notes overleaf</td></tr>
<tr><td colspan="3">2．Goods consigned to (Consignee's name, address, country)</td></tr>
<tr><td colspan="3">3．Means of transport and route (as far as known)</td><td colspan="3">4．For official use</td></tr>
<tr><td>5．Item num-ber</td><td>6．Marks and numbers of packages</td><td>7．Number and kind of packages; description of goods</td><td>8．Origin criterion (see Notes overleaf)</td><td>9．Gross weight or other quantity</td><td>10．Number and date of invoices</td></tr>
<tr><td colspan="3">11．Certification
It is hereby certified, on the basis of control carried out, that the declaration by the exporter is correct.

Place and date, signature and stamp of certifying authority</td><td colspan="3">12．Declaration by the exporter
The undersigned hereby declares that the above details and statements are correct, that all the goods were
produced in ------------------------------
(country)
and that they comply with the origin requirements specified for those goods in the Generalized System of Preferences for goods exported to
----

Place and date, signature and stamp of authorized signatory</td></tr>
</table>

普惠制产地证的基本内容如下。

（1）出口方（Exporter），填写出口公司的详细地址、名称和国家（地区）名。若经其他国家或地区，需填写转口商名称时，可在出口商后面填英文 via，然后再填写转口商名称、地址和国家。

（2）收货方（Consignee），填写最终收货人名称、地址和国家（地区）名。若需填写转口商名称时，可在收货人后面填英文 via，然后再写转口商名称、地址、国家。

（3）运输方式和路线（Means of Transport and Route），填写装运港、目的港、运输方式。若经转运，还应注明转运地。

（4）签证机构用（For Official Use），一般情况下此栏留空。

（5）商品顺序号（Item Number），按照商品品名顺序“1”“2”“3”“4”“5”等，依此类推，不能只写最大的序号。单项商品此栏填“1”，也可以留空。

（6）唛头及包装号（Marks and Numbers of Packages），此栏应与货物外包装和发票唛头一致。如无唛头应填“N/M”或“No Mark”。

（7）包装数量及种类，商品的名称（Number and Kind of Packages; Description of Goods）。商品名称要填写具体名称，不得用概括性表述，如服装、食品（Garment、Food）等。包装数量及种类要按具体单位填写，应与信用证及其他单据严格一致。包装数量必须用英文和阿拉伯数字同时表示，如货物为散装，在商品名称后加注“散装”（in Bulk）字样。有时信用证要求在所有单据上加注合同号码、信用证号等，可加注在此栏内。本栏的末行要打上表示结束的符号（**************），以防添加内容。

（8）完全原产“P”（Origin Criterion），不完全原产需根据不同的国别要求填写，具体如下。

- 加拿大：在两个或以上受惠国内加工“G”，利用给惠国成分填“F”，原产地标准——非原产成分的价值未超过产品出厂价的 40%。
- 日本、挪威、瑞士、欧盟、土尔其、波兰：“W”和产品的四位 H.S.品目号。
- 俄罗斯、白俄罗斯、乌克兰、哈萨克斯坦、捷克、斯洛伐克：在我国增值“Y”和非原产成分占产品 FOB 百分比，对在其他受惠国和我国生产的并在我国完成最后工序，“PK”原产地标准，非原产成分的价值未超过产品离岸价的 50%。
- 澳大利亚、新西兰：此栏留空，原产地标准——非原产成分的价值未超过工厂成本价的 50%。

特别提示：此栏是普惠制产地证最重要的一栏，各国往往只看这一栏的填写是否正确来断定是否给予普遍优惠制。

（9）毛重或其他（Gross Weight or Other Quantity），以商品正常计量单位填写，如“只”“件”“打”等。以重量计算的则填毛重，只有净重的填净重，但要标上“N.W.”或“Net

Weight”字样。

（10）发票号码及日期（Number and Date of Invoice），填写商业发票号码及日期。此栏不得留空，为避免对月份、日期的误解，月份一律用英文表述。

（11）签证当局的证明（Certification）。此栏填写签证当局的签证地点、日期。如有企业异地签证必须填写签证所在地的签证地点。

（12）出口商声明（Declaration by the Exporter），此栏填写最终进口国名称，进口国必须与第三栏目的港国别保持一致。申请单位手签人员在此栏右下角签字，此栏盖单位中英文对照印章，不得出现除单位名外任何字样。

特别提示： 申请日期必须早于签证日期，晚于发票日期，极特殊情况下此三个日期可以是同一天。

6.6　资金单据的缮制

6.6.1　汇票及其缮制方法

1. 汇票（Draft）的概念

汇票是出票人签发的，委托付款人在见票时或者在指定日期无条件支付确定的金额给收款人或者持票人的票据。

汇票的基本当事人、出票人（Drawer），通常是出口人；受票人（Drawee），汇票的付款人，通常是进口人或者指定的银行；受款人（Payee），即规定可领取金额的人。

特别提示： 在信用证项下的国际结算业务中，即期付款有时不一定需要汇票，可以发票代替。而对于远期付款，汇票一般都是必要的，因付款人须凭汇票承兑，并承担到期付款的责任。而持票人必要时可凭承兑的汇票贴现或经背书转让。

2. 汇票的流转程序

汇票的流转一般包括以下 5 个程序：出票→提示→承兑→背书→付款等。

（1）出票（Draw 或 Issue），包括两个动作：一是写成汇票（Draw），即在汇票上写明有关内容，并签名；二是交付（Deliver），将汇票交付给收款人，只有经过交付，才真正建立了债权，完成了出票手续。也有出票人为避免持票人对其追索责任，在出票时加注“Without Recourse to Drawer”（对出票人不得追索）的词句。

（2）提示（Presentation），是指持票人将汇票提交付款人，要求付款和承兑的行为。付款人看到汇票叫作见票（Sight），如系即期汇票，付款人见票后立即付款；如系远期汇票，付款人见票后办理承兑手续，到期立即付款。

（3）承兑（Acceptance），是指付款人对远期汇票表示承担到期付款责任的行为。付款人在汇票正面写上"承兑"（Accepted）字样，注明承兑的日期，并由付款人签名。付款人承兑后，就叫作承兑人。承兑人有在远期汇票到期时承担立即付款的责任。例如，

ACCEPTED

SEP.03，2003

XXXXX（SIGNED）

（4）背书（Endorsement），票据包括汇票是可流通转让的证券。根据我国《票据法》规定，除非出票人在汇票上记载"不得转让"外，汇票的收款人可以以记名背书的方式转让汇票权利。即在汇票背面签上自己的名字，并记载被背书人的名称，然后把汇票交给被背书人即受让人，受让人成为持票人，是票据的债权人。受让人有权以背书方式再行转让汇票的权利。

特别提示： 在汇票经过不止一次转让时，背书必须连续，即被背书人和背书人名字前后一致。对受让人来说，所有以前的背书人和出票人都是他的前手（Prior Parties），对背书人来说，所有他转让以后的受让人都是他的"后手"，前手对后手承担承兑和付款的责任。

（5）付款（Payment），即期汇票，在持票人提示时，付款人即付款，无须经过承兑手续；远期汇票，在规定的时效、规定的地点向付款人作付款提示时，先承兑，到期再付款。在汇票的付款人向持票人做正当付款后，付款人一般均要求收款的持票人在背面签字，注上"付讫"（Paid）字样，并收回汇票，从而结束汇票上所反映的债权、债务关系。

（6）贴现（Discount），即远期汇票经承兑后，尚未到期，持票人背书后，由银行或贴现公司作为受让人，从票面金额中扣减按贴现率结算的贴息后，将余款付给持票人。

贴现后余额的计算公式为

贴现后余额=票面金额-(票面金额×贴现率×日数/360)-有关费用

特别提示： 对于持票人来说，通常用汇票进行贴现也是一种融资渠道，而且一般贴现不要抵押品，成本相对比较低，手续简单、方便。票据贴现被广泛地应用于进出口贸易中，因此，汇票也成了一种常用的信贷工具。

（7）拒付（Dishonour），又叫"退票"，有以下几种情况。

① 持票人提示汇票要求付款时，遭到付款人拒绝付款（Dishonour by non-Payment）。

② 持票人提示汇票要求承兑时，遭到拒绝承兑（Dishonour by non-Acceptance）。

③ 付款人避而不见、破产或死亡等，以致付款已事实上不可能时，均称为"拒付"。

（8）追索（Recourse）。持票人在汇票被拒付时，对其前手（背书人、出票人）有行

使请求偿还汇票金额及费用的权利（包括利息及做成“拒付通知”“拒付证书”的公证费用等）的权利，这种行为称为追索。

特别提示： 汇票遭到拒付，持票人可以向任何一个前手追索，持票人必须按规定向前手作拒付通知（Notice of Dishonour）。前手背书人再通知他的前手，一直通知到出票人。如汇票已经经过承兑，则出票人还可以向承兑人要求付款。

6.6.2　汇票的缮制

汇票样单，如表 6-6 所示。

表 6-6　汇票样单

BILL OF EXCHANGE

Drawn under ____________________ L/C NO. __________

Dated ____________________ Payable with interest@ __________ % __________

NO. __________ Exchange for __________ shanghai __________ (Date)

At ____________________ Sight Of this FIRST of Exchange (Second of Exchange being

Unpaid) Pay to the order of

To: ____________________

(Authorized Signature)

汇票的具体内容如下。

（1）出票依据（Drawn under），表明汇票起源于交易是允许的。

信用证方式下，一般内容有开证行名称、信用证号码和开证日期三项。出票依据是说明开证行在一定的期限内对汇票的金额履行保证付款责任的法律根据，是信用证项下汇票不可缺少的重要内容之一。

托收方式下则可以填 For Collection 或空白不填。

（2）信用证号码（L/C No.），填写信用证号码。托收方式下则空白不填。

（3）开证日期（Dated），应正确填写信用证开立的日期。托收方式下则空白不填。

（4）年息（Payable with interest），由结汇银行填写，用以清算企业与银行间利息费用。

（5）号码（NO.），一般填商业发票的号码，以核对发票与汇票中相同相关内容，或者填汇票本身的顺序编号。

（6）小写金额（Exchange for），由货币符号和阿拉伯数字组成，如 USD1,005.30。

特别提示：信用证没有特别规定，其金额应与发票金额一致。无证托收的汇票金额和发票金额一般均应一致：如信用证金额规定汇票金额为发票金额的百分之几，如 97%，那么发票金额应为 100%，汇票金额为 97%，其差额 3%一般理解为佣金；如信用证规定部分信用证付款，部分托收，应各分做两套汇票，发票金额是两套汇票相加的和。

（7）汇票交单日期和地点（Date and Address），一般是提交议付行的日期，该日期往往由议付行填写。

特别提示：该日期不能晚于信用证的有效期，也不得早于各单据的出单日期。

（8）汇票期限（At...Sight），如为即期汇票，在 At 与 Sight 之间打下“***”符号，如为远期汇票，则应按信用证上规定的时间填写。不需要 Sight 时可以划去。托收项下则应在 At 前面注明托收方式，是 D/P 还是 D/A。

例如：

① At“30 days after” Sight，出票日后 30 天付款。

② At“45 days after” B/L ~~Sight~~，提单日后 45 天付款。

③ D/P At“60 days after” Sight，见票后 60 天付款。

（9）受款人（PAYEE），又称收款人（PAYEE），收款人一般是汇票的抬头人，是出票人指定的接受票款的当事人。有的是以出口商或以其所指定的第三者为受款人。在国际票据市场上，汇票的抬头人通常有以下三种写法。

① 记名式抬头（Demonst Rative Order），即在受款人栏目中填写：“付给×××人的指定人”（Pay to the Order of ×××），这种类型的抬头是最普遍使用的一种。

② 限制性抬头（Restrictive Order），即在受款人栏目中填写“仅付给×××人”（Pay to ××× Only）或“限付给×××人，不许转让”（Pay to ××× Only, not Transferable）。

③ 持票人抬头（Payable to Bearer），即在受款人栏目中填写“付给持票人”（Pay to Bearer）。

在信用证方式下，按照信用证的要求填写，一般都是以银行指示为抬头。

例如，来证规定由中国银行指定或其他议付行，或来证对汇票受款人未作明确规定。通常汇票的受款人应打上："PAY TO THE ORDER OF BANK OF CHINA"（由中国银行指定）。

托收方式下：受款人填托收行。

（10）付款人及付款地点（To）。汇票的付款人（Payee）即汇票的受票人（Drawee），也称致票人。在汇票中表示为"此致×××"。

凡是要求开立汇票的信用证，信用证内一般都指定了付款人，按照信用证要求填写。如果信用证没有指定付款人，一般做成开证行为付款人。

托收项下付款人是买方，付款地点填买方的地址。

特别提示：汇票的缮制首先要注意是信用证项下还是托收项下，看清楚再根据不同的情况填写。计算汇票的时间，不包括见票日、出票日等，即常说的"算尾不算头"。

6.6.3　信用证中汇票条款举例

信用证付款的方式下，汇票的缮制应严格按照信用证的具体要求来，信用证中汇票条款列举如下。

（1）Credit available with any bank in China, by negotiation, against presentation of beneficiary's drafts at sight, drawn on us in duplicate.

信用证在中国任何银行均可以议付，条件是要求受益人出具以开证行为付款人的即期汇票。

（2）Draft at 60 days sight from the date of presentation at your counter.

出具在议付行起算 60 天到期的远期汇票。

（3）Drafts to be drawn at 30 days after sight on us for 100% of invoice value.

出具我行为付款人的金额为 100%发票金额的见票后 30 天付款的远期汇票。

练习 3：根据 0.3 节的销货合同和 2.2 节任务 2 修改后的信用证填写一份汇票。

6.7　附属单据的缮制

6.7.1　主要附属单据及作用

附属单据是在进出口业务中，卖方应买方的要求出据的，在基本单据以外提供的单据。在单证业务中也称辅助单据或补充单据。这些单据是应进口方要求，并通过合同或信用证提出的。其作用是补充说明合同履行的相关情况，便于进口方办理进口或销售。附属单据形式上多种多样，事实上，只要进口方提出相关要求，出口方就应该设法满足，如果确实不能满足，则应与进口方协商，及时修改信用证，确保交单结汇的顺利完成。

进出口业务中常见的附属单据如下。

1．装运通知（Shipping Advice）

装运通知是出口方应进口方的要求，在货物装船完毕后，及时通过传真方式或其他方式，向进口方或进口方指定的保险公司、报关公司发出的关于货物已装船的详细通知，以便进口商及时办理保险、申请进口许可和安排接收货物及办理清关等事宜。

没有特别规定时，装运通知应发给进口商（信用证项下，发给开证人）。在以 FOB、CFR 价格条件成交出口贸易合同下，发货人在货物装船完毕后向收货人发出装运通知则作为合同的一项要件。如货物的丢失、损害是由于发货人在货物装船完毕后没有向收货人发出装运通知，致使收货人未能及时投保，该货物的丢失、损害由发货人负责赔偿。

2．受益人证明（Beneficiary's Certificate）

受益人证明是一系列由受益人（出口方）出具的证明单据的统称，其作用是证明受益人履行了合同或信用证相关规定。如证明所交的货物的品质符合要求，证明运输包装的处理符合信用证规定，证明已经按要求寄单给开证申请人等。受益人证明无固定格式，只需在白纸上缮制打印即可。

常见的受益人证明如下。

（1）寄单证明。寄单证明是根据信用证的规定，在货物装运前后的一定期限内，由发货人给信用证规定的收货人邮寄全套或部分副本单据，并单独出具寄单证明，或将寄单证明内容列明在发票内，作为向银行议付的单证。

（2）电抄本。电抄本是根据信用证的规定，在货物出运前后的一定期限内，由发货人按信用证规定的内容，用电报、电传通知信用证规定的收电人，并以电报、电传的副本或另行缮制的发电证明书，作为已发电的证明，交银行作为议付的单证。

（3）履约证明。履约证明用来证实某件事实或某件货物符合成交合约或来自某产地，如交货品质证明，由发货人按信用证的规定，证明所交货物的品质。该证明可直接作为银行议付的单证。交货品质证明中所证明的内容一般在发票或其他单据中已表明，但信用证要求单独出具该证明书，表明开证人对货物品质的关切程度。又如生产过程证明，由生产厂家说明产品的生产过程，该证明可直接作为银行议付的单证。

要求受益人（出口方）出据证明条款举例。

例 1：One copy of invoice and packing list should be sent direct to applicant immediately after shipment and beneficiary's to be effect is required.

该条款要求装运后立即将发票和装箱单副本寄给开证人，并出具受益人证明。

例 2：One full set of non—negotiable documents should be sent to buyer by regd. Air-mail and certificate to this effect together with the relative postal receipt should be accompanied with the documents.

该条款要求提供寄送一套副本单据的证明，并要提供邮局的航空挂号收据。

例 3：Certificate in duplicate issued by the beneficiary to the effect that l/3 original B/L.1 invoice, one packing list have been sent by regd. Airmail to the above mentioned shipping agent with irrevocable instructions to reforward the goods up to Bujumbura to the order of ABC bank and notify buyer XYZ company.

该条款要求发货人除须出具上述寄单证明一式两份外，还须将证明内容的要求函告该运输代理行照办。

例 4：Beneficiary's certificate stating that certificate of manufacturing process and of the ingredients issued by Guangdong Yue Feng Trading CO., should be sent to Sumitomd Corp.

该条款要求出具受益人证明，说明该出口公司出口货物的生产过程，并提交其作为议付的单证。

例 5：Beneficiary's declaration stating that the original of export license has been sent to applicant by express courier.

该条款要求受益人声明表明出口许可证的正本已通过快递方式寄给开证人。

例 6：Beneficiary's certificate certifying that one full set of N/N copies of documents has been sent to applicant by fax within 2 days after shipment date.

该条款要求出具受益人证明，证明一套不可议付的单据副本在装运日后两天内通过传真发送给开证人。

例 7：Beneficiary's certificate certifying that all item must have "Made in China" label.

该条款要求出具受益人证明，证明所有项目都印有"中国制造"的标志。

3．船公司证明（Shipping Company's Certificate）

船公司证明是进口方要求出口方提供的，由船公司或其代理人出具的用以说明载货船舶的船籍、船龄、船程等内容的证明文件。如阿拉伯国家来证经常要求我方提供装运船只的国籍及全部航程停靠港口的证明。

船公司证明种类较多，主要有船籍及航程证明、船龄证明、船级证明、快船证明、黑名单证明、进港证明、运费收据等。

（1）船籍证明与航程证明（Ship's Nationality Certificate & Itinerary Certificate）

阿拉伯中东国家和地区的进口商常要求提供这两类证明。船籍证明常与航程证明合并在一起。船籍证明用以说明载货船舶的国籍。航船路线证明用来说明载货舰船在航程中停靠的港口。有时买方出于政治原因，对装货船舶的国籍、船舶的航行路线、停靠港口予以限制，要求卖方仅装某些国家或不装某些国家的船舶，或不通过某些地区，要求卖方提供相应证明。

（2）船龄证明（Ship's Age Certificate）

船龄证明用来说明载货船舶的船龄。一般 15 年以上的船为超龄船，许多保险公司不予承保。25年以上的船为报废船。此外，有些国家规定船龄超过15年以上的船不准停泊卸货。买方为保障船只及货物在运输途中的安全，要求卖方不装超过15年船龄的老船，并提供相应的证明。

（3）班轮公会船只证明（Conference Line Certificate）

有些来证规定必须装班轮公会船只时，可由船公司或代理出具此项证明。它可缮制在提单上，也可单独出具。如果无法装运在班轮公会船只上，则必须修改信用证条款。

（4）船级证明（Ship's Classification Certificate）

船级证明是用来说明载货船舶符合一定船级标准的证明。有时来证要求提供船公司或船只鉴定公司签发的船级证明，受益人应酌情办理，若无法提供，应及时提出修改信用证。

（5）集装箱船只证明（Container Ship Certificate）

有时来证规定货物必须装运在集装箱船上。如果提单上能表示出是集装箱运输就不需提供证明，但是如果信用证条款有特别规定，则必须提供集装箱船只证明。

（6）黑名单证明（Black List Certificate）

黑名单证明是用以说明载货船舶未被阿拉伯国家列入与以色列有来往船舶名单的证明。阿拉伯地区国家为了抵制以色列，常在来证中要求卖方提供此类证明。它的内容有时在船籍证明中已包含，不必单独出具。

（7）运费收据（Freight Note）

运费收据是船公司出具的用以说明运费支付情况的证明文件。通常买方请卖方代办运输时，国外进口方往往来证要求提供运费收据，以便了解已付运费的实际情况，并作为双方结算运费的依据。当国外来证要求提供Freight Note，Freight Voucher，Invoice for Freight，Certificate from Shipping Company，Certifying Amount of freight paid时，出口方应提供此项运费收据。

4. 贷记通知（Credit Note）和借记通知（Debit Note）

（1）贷记通知

信用证开足货款金额，但规定议付银行在议付时扣除佣金，在这种情况下，商业发票是货款金额，汇票是扣佣后的净额。这时，可出具扣佣通知书，亦即贷记通知。

信用证贷记通知条款有以下文句。

① At the time of negotiation, you will be paid less 3% of invoice value, being commission payable to the applicant and this should be shown on a separate credit note.

在议付时，你将被扣除3%的信用证金额作为给开证申请人的佣金，该佣金须表示在一份单独的贷记通知上。

② The price quoted include a discount of 5% which must be shown on your final invoice, but is to be the subject of a separate credit note, the amount of which is to be deducted from your drafts.

信用证所列价格包括 5%折扣在内，最后发票应开立未扣除 5%折扣的价格，但须另出一份贷记通知，汇票金额则扣除此项折扣金额。

（2）借记通知

在日常业务中，有时有小额款项须向客户收取，如来证金额稍有不足、保险加成超过合同规定、保险责任扩展至内陆城市因而发生超保等，这些超过信用证金额应由客户负担的款项。如果要求修改信用证会影响卖方及时出运和结汇，利息损失也大于可收款项，因此，可缮制借记通知单径向进口人索取，这样可避免改证或托收的繁琐手续和费用。

6.7.2　装运通知、受益人证明及船公司证明的缮制

1. 装运通知的缮制

装运通知的内容一般有订单或合同号、信用证号、商品名称和数量、总值、唛头、载货船舶名称、装运口岸、装运日期、船名及开航日期等。在实际业务中，应根据信用证的要求和对客户的习惯做法，将上述项目适当地列明在电文中。

进口商往往在信用证中要求提交单据中包括装运通知副本，此时单据上需要写明“装运通知”或信用证规定的名称。

一般而言，装运通知可以不签署，但如果信用证有规定，那么受益人必须在该通知上签字盖章。

缮制说明如下。

（1）出口方的名称和详细地址。

（2）单据名称，应按信用证要求填写，若来证要求提供“Shipping Advise”“Declaration of Shipment”“Certified Copy of Telex”“Copy of Fax”等，应按信用证表述缮打单据的名称。

（3）装运通知抬头，通常为买方、买方指定的保险公司或开证行等。如果信用证没有规定抬头人，则填写信用证申请人（买方）。

（4）日期，填写缮制装运通知的日期，应在信用证规定的出单时间范围内。一般与提单日期相同或比提单日期晚一天。

（5）参考号码，一般可填信用证号码或发票号。如要求装运通知列明预约保单号码（Open Policy No.或 Cover Note No.），可在此栏标注。

（6）装运详情，应将装运的具体细节列明。

（7）声明或证明文句，用于声明货物已装船的句子。如果信用证要求提供的单据是“Certified Copy of Telex”，则须有证实单据内容真实的文句。

（8）签章，通常包括卖方或受益人（如出口公司）的名称，以及由法人代表或经办人签章。

装运通知样单，如表 6-7 所示。

表 6-7　装运通知样单

CHINA NATIONAL CHEMICALS IMP. & EXP.
CORP., PEKING BRANCH, 190 INSIDE CHAO YANG MEN STREET, BEIJING, CHINA

TO：K & K GREFF FINE CHEMICALS LTD.

L/C NO.185092

CONTRACT NO. 78AS3E-359

10 CASES OF PYRIDOXING HCL (VITAMIN B6) RP73

GBPl0670.00

PER S.S.YONG AN CHENG V.2

B/L NO.TOS/005

D.D.30 MAR. 2010

SAILING DATE: 30 MARCH 2010.

公司签字盖章
年　月　日

2．受益人证明的缮制

受益人证明的内容一般包括单据名称、出证日期与地点、抬头人、事由、证明内容、受益人名称及签章等。其缮制要点如下。

（1）单据名称，位于单据正上方，可根据来证要求确定具体名称。如“Beneficiary’s Certificate”（受益人证明）、“Beneficiary’s Statement”（受益人声明）或“Beneficiary’s Declaration”（受益人申明）。

（2）出证日期与地点，按照实际签发日期填写。一般而言，需与所证明的内容相匹配，根据需证实的内容而定，但必须在信用证规定的范围内。

（3）抬头人，类似这样的公开证明或申明，一般都填写笼统的抬头人，即“To Whom IT May Concern”（致有关当事人）。

（4）事由，一般填写发票号或合同号。

（5）证明内容，必须对应于信用证要求填写。

（6）受益人名称及签章，受益人证明一般不分正副本。若来证要求正本，可在单据名称正下方打上“Original”字样。受益人证明要求必须有受益人签章，才能生效。

受益人证明（寄单证明）举例：

Beneficiary's Certificate

S/C NO.: **L/C NO.:**

To whom it may concern：

This is to certify that each one sheet of original invoice and phytosanitary certificate have been sent to the applicant under the care of ship's master of the carrying vessel.

(signed)Beneficiary

3．船公司证明的缮制

船公司证明一般由以下 6 部分内容构成。

（1）出证日期和地址，一般为签发提单的日期和地址。

（2）船名和提单号，表明本次运输的运载船只及其提单号。

（3）证明函标题，按照信用证要求提供不同种类的证明。如果信用证未限定标题，此项可以省略；若信用证内规定了是何种证明函，则一定要加注标题。

（4）抬头人，一般都笼统打印为"TO WHOM IT MAY CONCERN"（致有关当事人）。

（5）证明内容，按照信用证要求，根据实际作出相应证明。

（6）出证人签章，应与提单签单人一致，通常为承运货物的船公司或其代理人，外轮代理公司或承担联运业务的外运公司等。

船公司证明举例：

BEIJING INTERNATIONAL TRADE CORP
N0.7 Baishiqiao Road, Beijin9100081, China Tel/Fax: 684166
SHIPPING ADVISE
Date: Jan.01, 2016

TO WHOM IT MAY CONCERN:

WE ARE NOW ADVISING YOU THE DETAILS OF OUR SHIPMENT DATED AUG.30,1999 AS FOLLOWING:

L/C NO.001

GOODS: ONE SET OF MILLING MACHINE MODEL 112

VALUE OF SHIPMENT: USD 80,000.00

DATE OF SHIPMENT: AUG.30,1999

REGARDS

×××××

本章小结

1．商业发票是整批货物的价目清单，往往是缮制其他单据的基础和依据，因此必须严格按照要求缮制商业发票。缮制发票的过程中应尤其注意信用证中的特别要求，如要求增加证明文句、要求手签等特殊要求。

2．形式发票没有法律效力，一般是开给外汇管制严格的国家的进口方用于申请外汇，因此不能用托收和议付。

3．每个国家的海关发票均有不同的样式，要根据不同的要求缮制。海关发票主要是便于海关核定原产国和确定是否有倾销，因此在填价格时不应低于国内的价格，且不能与其他单据的内容相冲突。

4．包装单据是发票的重要补充，主要用于说明包装情况，信用证没有特别规定的情况下一般应显示每箱的毛重和净重，不显示价格。

5．普惠制产地证从一定程度上来说是一种有价证券，因此在进行贸易的过程中首先了解是否给以普惠制，如果有，应提前申请普惠制产地证，并认真缮制，尤其是第八栏，要根据不同国家不同的填写要求填写。

6．汇票正常情况下的使用流程为出票→提示→承兑→付款。远期汇票需要承兑，即期汇票不需要承兑。

7．汇票的缮制过程中，一定注意清除金额的填写，金额的填写不能涂改，严格按照信用证的要求填写，托收方式下则与发票的金额相同。

8．信用证项下汇票的付款人一般要填开证行或信用证指定的其他银行，不能填开证申请人。汇票的样式有多种，但大致内容是一致的。汇票一经承兑不能止付。

9．附属单据是在进出口业务中，卖方应买方的要求出据的，在基本单据以外提供的单据。为保证收汇安全，附属单据同基本单据一样也必须注意保持本身的完整性以及与其他单据的一致性。

练习题

一、单项选择题

1．结汇单据中最重要的单据，能了解一笔交易全貌的单据是（　　）。

A．保险单　　B．产地证　　C．发票　　D．汇票

2．包装单据一般不应显示货物的（　　）。

A．品名　　B．单价、总金额　　C．包装件数　　D．规格

3．商业发票的日期（　　）。

A．早于装箱单　　B．晚于装箱单　　C．同一天　　D．没关系

4. 预开发票（　　）。

A. 等同于正式发票　　B. 有法律效力

C. 无法律效力　　D. 必需的单据

5. 海关发票（　　）。

A. 统一的样式　　B. 每笔业务都需要

C. 出口国海关规定的　　D. 核定有无倾销

6. 厂商发票（　　）。

A. 出口方开立的　　B. 制造商开立的

C. 进口商开立的　　D. 官方单据

二、判断题

1. 装箱单上面一般应显示金额。（　　）
2. 装箱单日期不得早于发票日。（　　）
3. 发票是核心单据，均需盖章。（　　）
4. 形式发票可以代替正式发票。（　　）
5. 每个国家都要求提供海关发票。（　　）
6. 厂商发票主要用于核定出厂价，看是否有倾销。（　　）

三、单据排序

根据 0.3 节的销货合同和 2.2 节任务 2 修改后的信用证中的最迟装运日及最迟交单期，将所学的全套单据按照日期进行排序，注明每一种单据的大概日期。

第 7 章　全套单据的审核

【本章任务】

1．掌握各单据的审核要点。

2．审核发票、装箱单、提单、保险单等全套外贸业务单据。

3．能妥善处理单证不符的情形。

任务情境：5 月 21 日，外贸业务部魏经理要求 YOYO 准备好全套单据，在信用证要求的最迟交单日前交单，要求 YOYO 对照信用证对全套单据进行审核，确保各种单据均符合信用证的要求，以免银行拒付。做好不符单据的处理，确保及时交单。

7.1　单据审核概述

单据不仅是进口商付款的依据，也是确认出口商是否正确完成其合同规定义务的凭证。因此，在合同履行的过程中，必须对单据进行认真、细致的审核，以确保圆满完成进出口工作。

如采用汇付和托收方式，进口企业负责对货物单据进行全面审核。如采用信用证支付方式，则由开证银行和进口企业共同对货物单据进行审核。通常是由开证行（这时为付款行）对单据进行初审，进口企业进行复审，在单据符合信用证及合同规定的条件下，开证行和进口人履行付款责任。信用证项下银行审单一般包括两个环节，即首先由出口地银行收到受益人交来的单据进行审核，在单证相符、单单相符的基础上对受益人进行议付、承兑或承担迟期付款责任；其次是开证行付款审单，指开证行对寄单行寄来的单据进行审核，以确定是否最终付款。

1．审单的原则和依据

1）审单的原则

审单的原则与制单的原则相同，即正确、完整。基本要求是单证一致、单单一致，只审单不审货，只凭信用证不过问合同。

（1）单证一致，即按信用证规定提交的各种单据必须与信用证的规定严格一致。信用证的条款、具体要求，甚至文字措辞都要在所提示的单据中体现出来。信用证上所列的货物名称，单据上不能加以改动或在文字上有增减。

（2）单单一致，除单证要相符外，各种单据之间要一致，不能相互矛盾，否则，也属于不符点。根据《UCP600》规定，商业发票中货物的描述必须与信用证中的描述相一致，在一切其他单据中，货物描述可使用统称，但不得与信用证中货物的描述有抵触。

（3）只审单不审货，信用证业务中，银行处理的只是单据，而不是货物，否则银行就不是银行，而是贸易行。银行审单是以单据表面上确定是否与信用证条款相符。即使所载货物与单据不符，开证行也必须履行付款义务。

特别提示：根据《UCP600》规定，银行在审单时，要合理谨慎地审核信用证的所有单据。银行不审核信用证中未规定的单据。如收到这类单据，应退还给交单人或转递开证行并对此不承担责任。如信用证中列有某项条件，但未规定符合该条约的相应单据，银行将认为没有这样的条件，而不予理会。

2）审单的依据

审核单据与缮制单据相同，都是以进出口合同、信用证以及有关商品的原始资料和国际惯例、国内有关管理规定等为主要依据。所以，在审核单据之前，首先要读懂合同和信用证条款，熟悉有关国际贸易惯例，尤其是《UCP600》。一般情况下，公司会准备一些固定的审核清单，以帮助单证员审单。进口地、出口地的银行经过长期的工作积累，也有比较成熟的审单制度。

在信用证项下，信用证条款是银行审单的唯一依据，其他诸如合同、往来函电、货物情况等，不能作为审单的依据。

2. 单据审核的基本方法

1）开证行审单的一般过程

我国进口业务大多采用信用证付款方式，国外出口人将货物装运后，即将全套单据和汇票交出口地银行转我方进口地开证行或指定付款行收取货款。按照我国现行的做法，开证行收到国外寄来的全套单证后，应根据信用证条款全面、逐项地审核单据与信用证之间、单据与单据之间是否相符。开证行审单无误后，即交进口人进行复审，同时准备履行付款责任。为了减少不必要的风险，开证行的审核应严格进行，特别注意以下问题。

（1）所收单据的种类、份数与信用证要求的是否相符，与议付行寄单回函中所列的是否相符。

（2）汇票、发票上的金额是否一致，与信用证规定的最高金额相比是否超额，与议付行寄单回函所列金额是否一致。

（3）所有单据中对货名、规格、数量、包装等描述是否与信用证要求相符。

（4）货运单据的出单日及内容是否与信用证相符。

（5）核对货运单据、保险单据等其他单据的背书是否有效。

2）进口企业审单的基本方法

进口企业收到开证行交来的全套货物单据和汇票后，应根据合同和信用证的规定认真审核单据。其基本方法称为“横纵审单法”，即横审法和纵审法；主要目的是确定单据是否满足“单证一致、单单一致”的要求。

纵审法是指以商业发票为中心，将其他单据与之对照，审核单单是否一致。横审法是指以合同或信用证为依据，审核各种单据的内容是否符合合同或信用证要求，单据的种类和份数是否齐全，即单证（单同）是否一致。

进口企业审单后，如没有提出异议，开证行即按即期汇票或远期汇票履行付款或承兑的义务，进口企业凭开证行的付款通知与收货单位进行结算。

7.2 主要单据的审核要点和审核技巧

1. 主要单据的审核要点

1）汇票的审核要点

汇票属于资金单据，在国际贸易中信用证或D/P、D/A付款的汇票都属于跟单汇票，如是信用证项下汇票，除一般内容外，还应有信用证开证日期、开证行名称及信用证号码等出票依据。如是托收项下汇票，除一般内容外，通常也注明合同号码、商器名称、数量等，以说明开票依据，进口人审核时应注意金额、付款期、出票期、付款人、受款人、出票人等项目，要点如下。

（1）汇票一般为正副本两份，要和信用证的规定一致。

（2）金额的大小写要相符，支取的金额应与信用证规定相符（一般应为发票金额，除非信用证规定汇票按发票金额的百分之几开立）。

（3）汇票付款人应为开证行。目前，我国银行开出的进口信用证基本上是不可撤销议付信用证。在信用证业务项下，汇票付款人应为开证行或开证行指定的付款行，而不应是开证申请人。

（4）出票日期应在信用证有效期限内。

（5）出票条款（Drawn Clause）要正确，要与信用证规定注明的条款相一致。

（6）出票人、抬头人（Order Party，即受款人）及付款人（Drawee）的名称、地址要正确无误。出票人通常为出口人，抬头人通常为议付行，付款人（或被出票人）为开证银行。

（7）出票人应为信用证受益人和受让人，出票人名称应与信用证所载名称相符，并须经其负责人签章。

（8）受款人为出票人指示抬头（Pay to the Order of Drawer），则应由出票人背书。

（9）付款期限是否与信用证规定相符，即期汇票或远期汇票不可弄错，远期汇票须注意其期限。

2）商业发票的审核要点

商业发票是货运单据的中心。发票的记载必须与信用证规定完全相符。进口人在审核商业发票时应注意审核发票的名称、抬头、发票日期、相关号码（如合同号、信用证号）、商品描述（包括品名、单价、贸易术语）、发票金额以及信用证规定加注的特别内容等项目，要点如下。

（1）发票的开票人应是信用证中规定的受益人（可转让信用证除外），与汇票的出票人应为同一人。

（2）发票的抬头人应是信用证开证申请人。

（3）发票的开票日期不应迟于汇票的出票日期，亦不应迟于信用证的议付有效期。

（4）商品名称、数量、规格、单价、包装、价格条款、合同号码等及货物描述必须与信用证的规定相符，单价乘以数量必须与发票总金额相符。如发票分别记载每档费用金额，则 FOB 价、运费、保险费 3 档金额相加必须与发票总金额相符。

（5）除非信用证另有规定，发票金额应与汇票金额一致，且不得超过信用证规定金额。

（6）信用证所规定的信用证金额、单价及商品的数量单位（如磅、千克、码等），其前面如有“about”“circa”或类似意义字样者，容许有不超过 10%的差额。

（7）除非信用证另有规定，在所支付款项不超过信用证金额的条件下，货物数量准许有 5%的增减幅度。但如信用证规定的数量以包装单位或个数计数，此项增减幅度则不适用。

（8）信用证上若规定货物的单价并允许分批装运的，分批装运数量和所支取货款应与信用证总数量和总金额为同一比例。

（9）唛头、号码、货名、装运日期、起运地等应与提单或其他单据相符。

（10）如信用证中未特殊规定，发票上不得列入仓租、佣金、电报等额外费用，亦不得列入其他与货物无关的费用。

（11）发票上必须记载出票条款、合同号码及发票日期，份数必须与信用证要求相符，如是影印件或复写件，其中一份必须注明“正本”字样。发票如经过修改更正，应由出票人签章。

3）包装单据的审核要点

包装单据是出口商制作的用以说明所装运的货物的包装情况的明细单，是商业发票的补充说明，审核时应注意以下几点。

（1）进口商的名称、地址等应与信用证相符。

（2）货物的规格、数量、唛头等应与提单等其他单据一致。

（3）数量、重量及尺码的小计与合计应与信用证、商业发票及提单相符。

4）海运提单的审核要点

提单是物权凭证，持单人可凭以提货，也是出口人凭以议付货款的最基本单据，进口人审核时应注意提单的抬头、通知人和发货人、价格条件、提单的日期、装船日期、装运港与卸货港名称、货物描述（如唛头、品名、重量、体积）等项目，要点如下。

（1）提单应具备全套可转让提单并注明承运人的具体名称，经承运人或作为承运人的具名代理、船长或作为船长的具名代理签署。

（2）提单上的文字如有更改时，应有提单签署人的签字，或有签发提单公司的签章。

（3）提单的抬头人（Consignee）如是“to order”或“to order of shipper”，应经出口人（发货人）做成空白背书，信用证要求记名背书时，应做成记名背书。

（4）提单的抬头人和被通知人的名称、地址应与信用证规定相符。

（5）价格条件为 CFR 或 CIF 时，应有“freight prepaid”字样；为 FCA 或 FOB 条件时，应有“freight collect”字样。

（6）提单的日期不得晚于信用证上规定的最晚装运日期。

（7）提单向指定银行提示的日期原则上不得晚于提单签发日后 21 天，信用证另有规定的服从信用证规定，但无论如何不得晚于信用证的有效期。

（8）商品栏上不许记载信用证上列明的商品。

（9）装运港与卸货港名称应正确。

（10）提单上不得有任何说明货物瑕疵的不良批注，也就是说，除非信用证特准，提单应为清洁提单。

（11）除非信用证特准，不得货装舱面（On Deck Shipment），如条款容许货装舱面时，应投保舱面险。

（12）提单上所载件数、唛头、号码、重量及船名等应与发票、包装单及重量单上所载完全相符。货物可用总名称描述，但不得与其他单据的货物名称有抵触。

（13）提单上的发货人（Shipper）原则上应为信用证的受益人，如以第三者为发货人，应以信用证特许者为限，或在转让信用证项下。

（14）装船日期可以早于信用证日期，除非信用证另有规定。但该提单必须在信用证有效期内和信用证规定的交单期限内提交。

5）保险单的审核要点

在以 CIF 条件成交的国际贸易中，进口商必须对出口商所提供的货物运输保险单据进行审核，其审核内容主要有被保险人、商品描述、投保金额、出单日期、险别条款、赔付地点等，要点如下。

（1）被保险人应符合信用证的规定，一般情况下为信用证的受益人。

（2）包装件数、重量、唛头应与发票和提单相符。

（3）保险金额的加成和币别应与信用证的规定相符，大小写金额必须一致。

（4）运输工具、起讫地点、起运日期应与提单一致。

（5）如转运，保险期限必须包括全程运输。

（6）保险险别及适用的保险条款应与信用证规定一致。

（7）如信用证未规定赔款地点和支付的币别，应以目的地或邻近地为赔款地点，以赔款地所在国货币支付。

（8）保险单的出单日期不得晚于提单日期。

（9）保险单正副本的份数须符合信用证的规定。

（10）除信用证另有规定外，保险单应为可转让形式，由抬头人按信用证规定作背书。

2. 单据的审核技巧

要提高单据审核的效率，关键在于熟悉单据的格式和填写内容的规范要求，另外，如果对于经常出现的错误之处有一定了解，则可以大大提高审单的速度和准确性。下面介绍主要单据的常见不符点之处。

1）汇票的审核技巧

（1）出票日期晚于有效期。

（2）汇票金额大于信用证金额。

（3）汇票的付款期限与信用证规定不符。

（4）汇票的出票人与信用证受益人名称不一致。

（5）出票人未签字。

（6）汇票的付款行不是信用证指定的银行。

（7）收款人未背书或背书不正确。

（8）更改汇票没有加盖更正章。

（9）未按规定列明“出票条款”或“利息条款”。

（10）漏列或错列信用证号码。

（11）金额大小写不一致。

（12）货币名称与发票或信用证不一致。

2）商业发票的审核技巧

（1）该发票的开立人不是信用证的受益人。

（2）买方称呼与信用证上的申请开证人不同。

（3）货物数量与信用证不符或不在允许的增减幅度之内。

（4）发票金额超支或不在允许的伸缩幅度内。

（5）单价未按信用证规定或不在允许的幅度内，价格条件与信用证不符。

（6）遗漏信用证要求、表明和证明的内容。

（7）货物描述与信用证不符。

（8）货物包装，注有“用过”“旧货”“重新装配”等字样。

3）包装单据的审核技巧

（1）内容未按信用证要求填写。

（2）所列包装方法与发票所列不符。

（3）所列货物与发票不符。

（4）所列货物、件数、质量、体积、数量等与其他单据不一致。

（5）未注明每件包装的重量。

（6）重量合计不准确。

（7）船名、唛头与提单不一致。

（8）未按信用证要求加列特别条款。

（9）填写项目不全或有误。

4）提单的审核技巧

（1）收货人、被通知人名称与信用证规定不符。

（2）起运港或卸货港与信用证规定不符。

（3）未按信用证“禁止转运”而转运。

（4）提交不清洁提单。

（5）所列货物与信用证不符。

（6）没有“已装船”的批注，或“已装船”批注后未列日期或批注日期晚于信用证规定的日期。

（7）未按信用规定，证明运费已付或到付。

（8）有“货装舱面”的批注。

（9）未按信用证规定的背书。

（10）未提交全套有效的提单。

（11）未注明承运人的名称。

（12）承运人或船长的签字未表明身份。

（13）承运人或船长的代理人签字时，未表明所代表的承运人的名称及身份。

（14）包装件数、唛头与发票不一致。

5）保险单的审核技巧

（1）并非由规定的保险公司或保险商出具。

（2）保险货币或金额与信用证规定不符。

（3）所列货物与信用证不符。

（4）包装件数、唛头等与其他单据不一致。

（5）起运港或卸货港与信用证规定不符。

（6）被保险人即受益人未背书或背书不正确。

（7）未按信用证规定列明险别。

（8）未提供全套保险单据。

（9）保单日期晚于提单日期。

7.3　单据提交时不符点的处理方法

信用证或合同及买方规定的单据，经进口商对照信用证的内容和其他单据的内容仔细审核无误后，进口商应按规定支付货款，取得单据，办理提货。在实际工作中，有时出现不符点（Discrepancy）从而导致受益人无法交单的情况出现。不符点是指受益人向银行提交的单据中包含有不符合信用证规定的内容，导致单证不符、单单不符或单据本身内容不完整。银行对有不符点的单据，往往拒绝议付。为避免这种情况的发生，我们可以采用以下几种方法。

1．预审法

一般而言，运输单据是所有单据中最晚得到的，其他的单据，如商业发票、装箱单、原产地证书、检验证书、报关单等在货物发运之前，完全可以缮制完毕。可以先送交银行审核。如发现不符点，如时间充裕，或货物尚未出运，应立即修改单据。如修改信用证，也可立即联系开证申请人改证，信用证为得到修改之前，受益人坚决不能发运货物；否则，会失去对货物的控制权。这种方法，称为“预审法”。

2．担保议付法

如果货物已装船，或虽然未装船但须赶船期，致使受益人无法提出改证，受益人可向银行出具担保书（Letter of Indemnity），要求银行凭担保议付货款，如日后遭到开证行拒付，由受益人承担一切后果。这时候，银行如接受，可不承担风险和责任。

银行一般可采用“表提法”和“电提法”与开证行联系，解决此事。所谓“表提”，是当议付行向开证行交单索汇时，在随附单据的面函（Covering Schedule）上指出不符点，并注明“凭保议付”字样，请求开证行与客户联系，决定是否接受（Please Contact Your Customer for Their Acceptance）。所谓“电提”，是议付行先向开证行拍发电报（电传/传真）指明不符点，征求开证行意见，如对方同意接受含有不符点的单据，再将单据寄出。

3．信用证下托收法

出现了不符点，如这时货物已经发出，而议付行又不愿采用“表提”或“电提”时，或者虽采用了“电提”但开证行不接受，受益人只能改用托收的方式，委托银行寄单收款。值得注意是，支付方式就由原来的信用证改为托收，银行不承担第一性的付款责任，风险也改为商业风险。此时应特别注意以下几点。

（1）如货物未被提走，应立即联系进口商，要求其履行合同，尽快付款。

（2）如货物被以担保的形式提走，应与承运人联系，以货主的身份控制正本提单，迫使进口商付款赎单。

（3）如货物被以正本提单提走，意味着开证行已接受单据，应要求议付行敦促开证行立即付款。

（4）如进口商不赎单，或者开证行退单，应立即在进口国联系一个代理（an Angent in Case of Need）将提单背书转让给代理，请其代为提货，再酌情处理。

总而言之，要想尽一切办法，将损失减少到最小，避免由于缺乏责任心、工作怠慢而丧失对货物的最佳处理时机，使公司受到不应有的损失。要重视对货物的掌控，尽量创造条件，变被动为主动，运用各种国际惯例和有关法律，甚至不要怕打官司，以维护自身的利益。

本章小结

1. 进口单据不仅是进口人凭以付款、提货的依据，也是用于核对出口人所供货物是否与合同相符的凭证。因此，对开证行与进口人而言，做好进口单据的审核工作是十分重要的。

2. 学习完本章的内容，应了解单据审核的重要性，熟悉外贸单证审核的原则、依据和基本方法，掌握主要单据的审核要点和审单技巧，能根据合同和信用征完成主要单证的审核。

3. 遇到单证不符的情况，应灵活处理，及时修改或者与进口方沟通，避免给企业带来大的损失。

练习题

一、单项选择题

1. 进口商审核单据时，单证相符的同时，还必须保证单单相符，其中在单据中处于中心地位的单据是（　　）。

A. 汇票　　B. 商业发票　　C. 保险单　　D. 提单

2. 进口货物单据的审核，是进口合同履行过程中的一个重要环节。如采用信用证支付方式，一般审核单据的单位是（　　）。

A．只由开证行审核即可　　B．只由进口商审核即可
C．只由议付行审核即可　　D．由开证行和进口商共同审核

3．审核信用证的要点，不包括（　　）。
A．是否与开证申请书一致　　B．信用证条款与买卖合同是否一致
C．是否加列了对卖方不利的条款　　D．是否有境外有效期
E．是否存在着软条款

4．审核进口单据的依据为（　　）。
A．开证申请书　　B．合同及《UCP600》的有关规定
C．进口许可证　　D．托收指示书

5．按照我国现行的做法，开证行收到国外寄来的全套单证以后，应根据信用证条款全面、逐项地审核的事项是（　　）。
A．单据与信用证之间是否相符　　C．单据是否符合审证人的经验
B．单据是否符合货物的实际情况　　D．单据与开证申请书之间是否相符

6．提单是物权凭证，持单人可凭以提货。进口人审核提单时应注意的要点有（　　）。
A．提单应具备全套可转让提单并注明承运人的具体名称，并由受益人签署
B．提单上的文字如有更改时，应有提单签署人的签字，或有签发提单的公司的签章
C．提单的日期应迟于信用证上规定的最迟装运日期
D．提单向指定银行提示的日期原则上不得晚于提单签发日后 15 天，信用证另有规定的从信用证规定，但无论如何不得晚于信用证的有效期

二、判断题

1．审单的原则与制单的原则相同，即正确、完整。基本要求是单证一致、单单一致，只审单不审货，只凭信用证不过问合同。（　　）

2．单证一致，即按信用证规定提交的各种单据必须与信用证的规定严格一致。信用证的条款、具体要求，甚至文字措辞都要在所提示的单据中体现出来。信用证上所列的货物名称，单据上不能加以改动，或在文字上有增减。（　　）

3．审核单据与缮制单据相同，都是以进出口合同、信用证以及有关商品的原始资料和国际惯例、国内有关管理规定等为主要依据。（　　）

4．汇票中金额的记载大小写如果出现不同，一般以小写为准。（　　）

5．商业发票的抬头人一般是收款方。（　　）

6．提单表面虽记载有货物的不良批注，但并不影响交单。（　　）

第 8 章　综合实训项目

YOYO 的实习期即将结束，业务部魏经理要求 YOYO 从 6 月开始独自跟进一份合同项下的所有单据相关事宜，负责合同的顺利完成。2016 年 6 月 10 日，奥耐达（广州）餐饮用具有限公司与新加坡文华大酒店（Mandarin Orchard Singapore）签订了合作协议，具体如下。

销货合约
SALES CONTRACT

卖方
SELLER: Oneida (Guangzhou) Co., Ltd. catering equipment 22 Zhongshan Road ,Tianhe, Guangzhou ,Guangdong, China

编号 **NO.:** SZSTO111203-SP1
日期 **DATE:** June 10,2016
地点 **SIGNED IN:** Guangzhou

买方
BUYER: Mandarin Orchard Singapore 333 Orchard Road. Singapore Singapore

买卖双方同意按以下条款达成交易：
This contract Is made by and agreed between the BUYER and SELLER, in accordance with the terms and conditions stipulated below.

CODE NO.	DESCRIPTION		QTY. (PCS)	UNIT PRICE (USD/PC) CIF Singapore	AMT.(USD)
T016TPCI	不锈钢圆形托盘	Stainless steel round tray	1 200	16	19 200.00
T016TPCM	木质圆形托盘	Wooden round pallet	1 100	12	13 200.00
T016TPLM	木质长方形托盘	Wooden rectangle pallet	900	13	11 700.00
				Total	44 100.00

1. 允许 5%溢短装，由卖方决定　With 5% More or less of shipment allowed at the sellers' option
2. 总值（Total Value）　Say US dollars eight thousand three hundred and sixty only.
3. 包装（Packing）　Each should be packaged in a single plastic bag and 50 for one carton
4. 唛头（Shipping Marks）　Depended on seller.
5. 装运期及运输方式（Time of Shipment & means of Transportation）　During Aug, 2016.
6. 装运港及目的地（Port of Loading & Destination）　From Guangzhou to　Singapore
7. 分批和转运　Partial shipment and transshipment: not allowed
8. 保险（Insurance）　COVERING INSTITUTE CARGO CLAUSES(A), AND INSTITUTE WAR CLAUSES (CARGO) FOR AT LEAST 110% OF CIF VALUE, INCLUDING WAREHOUSE TO WAREHOUSE UP TO FINAL DESTINATION.
9. 付款方式（Terms of Payment）　By irrevocable confirmed L/C at 30days after sight which should be issued before June30,2016, valid for negotiation in China for further 15 days after time of shipment.
10. 备注（Remarks）

The Buyer
Mandarin Orchard Singapore

MARIE

The Seller
Oneida (Guangzhou) Co., Ltd. catering equipment

WEI BIN

2016 年 6 月 20 日，买方开来信用证，YOYO 负责审核信用证并跟进信用证的修改。

IRREVOCABLE DOCUMENTARY CRIDET

ISSUING BANK: BANK OF SINGAPORE ,SINGAPORE
ADVISING BANK: BANK OF CHINA, GUANGZHOU BRANCH.

SEQUENCE OF TOTAL	*27:	1/1
FORM OF DOC. CREDIT	*40A:	IRREVOCABLE
DOC. CREDIT NUMBER	*20:	186/04/10015
DATE OF ISSUE	31C:	160420
EXPIRY	*31D:	DATE 160716 PLACE IN SINGAPORE
APPLICANT	*50:	MANDARIN ORCHARD SINGAPORE 333 ORCHARD ROAD SINGAPORE SINGAPORE
BENEFICIARY	*59:	ONEIDA CO.,LTD.CATERING EQUIPMENT 22 ZHONGSHAN ROAD ,TIANHE, GUANGZHOU ,GUANGDONG, CHINA
AMOUNT	*32B:	CURRENCY USD AMOUNT 4410.00
AVAILABLE WITH/BY	*41D:	ANY BANK BY NEGOTIATION
DRAFT AT …	42C:	AT SIGHT
DRAWEE	*42D:	MANDARIN ORCHARD SINGAPORE
PARTIAL SHIPMENT	43P:	NOT ALLOWED
TRANSSHIPMENT	43T:	NOT ALLOWED
LOADING IN CHARGE	44A:	SINGAPORE
FOR TRANSPORT TO….	44B:	GUANGZHOU
LATEST DATE OF SHIPMENT	44C:	160631
DESCRIPT. OF GOODS	45A:	TRAY AS PER CONTRACT NO.ZSTO111203-SP1 CFR SINGAPORE
DOCUMENTS REQUIRED	46A:	

+ COMMERCIAL INVOICE IN QUADRUPLICATE ALL STAMPED AND SIGNED BY BENEFICIARY CERTIFYING THAT THE GOODS ARE OF CHINESE ORIGIN.

+ PACKING LIST IN TRIPLICATE SHOWING PACKING DETAILS.

+ FULL SET (3/3) OF CLEAN ON BOARD BILL OF LADING MADE OUT TO ORDER OF SHIPPER AND BLANK ENDORSED, MARKED FREIGHT COLLECTED AND NOTIFY APPLICANT.

+ INSURANCE POLICY/CERTIFICATE FOR 115% OF THE INVOICE VALUE SHOWING CLAIMS PAYABLE IN SINGAPORE IN CURRENCY OF THE DRAFT, BLANK ENDORSED COVERING INSTITUTE CARGO CLAUSES(B), AND INSTITUTE WAR CLAUSES(CARGO), INCLUDING WAREHOUSE TO WAREHOUSE UP TO FINAL DESTINATION.

+INSPECTION CERTIFICATE OF QUALITY ISSUED BY THE ENTRY-EXIT INSPECTION AND QUARANTINE OF THE PEOPLE'S REPUBLIC OF CHINA EVIDENCING THAT THE GOODS HAVE BEEN INSPECTED AND FOUND TO BE IN COMPLIANCE WITH THE CONTRACT.

+CERTIFICATE OF ORIGIN CERTIFICATE OF ORIGIN IN 1 ORIGINAL AND 2 COPIES ISSUED BY INTL CHAMBER OF COMMERCE IN CHINA.

+CERTIFICATE STAMPED AND SIGNED BY BENEFICIARY STATING THAT THE ORIGINAL INVOICE AND PACKING LIST HAVE BEEN SENT TO APPLICANT BY COURIER SERVICE 2 DAYS BEFORE SHIPMENT.

+ BENEFICIARY'S CERTIFIED COPY OF FAX ADVISING VESSEL'S NAME，BILL OF LADING NUMBER，SHIPMENT DATE，GROSS AND NET WEIGHT，VALUE AND QUANTITY OF GOODS MUST BE SENT ON THE DATE OF SHIPMENT TO APPLICANT.

47A: ADDITIONAL CONDITIONS

+ INSURANCE IS BEING ARRANGED BY THE SELLER.

+ USD50.00 DISCREPANCY FEE, FOR BENEFICIARY'S ACCOUNT, WILL BE DEDUCTED FROM THE REIMBURSEMENT CLAIM FOR PRESENTATION OF THE DISCREPANT DOCUMENTS UNDER THIS CREDIT.

DETAILS OF CHARGES	71B: ALL BANK CHARGES ARE FOR THE ACCOUNT OF THE BENEFICIARY.
PRESENTATION PERIOD	48: WITHIN 21 DAYS AFTER THE DATE OF SHIPMENT BUT WITHIN THE VALIDITY OF THE CREDIT.
CONFIRMATION	*49: WITHOUT

审证结果

1.

2.

3.

4.

5.

6.

7.

8.

9.

10.

11.

12.

13.

14.

信用证审核后，YOYO将需要更正的条款发给新加坡文化酒店的Jerry，希望在6月30日之前收到信用证修改通知书。7月1日YOYO根据更改后的信用证缮制全套单据，并办理租船订舱、报检、报关、保险等相关手续。

根据合同及修改后的信用证及以下补充资料，缮制相关单据。

补充资料：

1. INVOICE NO.：TY034
2. H.S.CODE：根据商品名称上通关网查询
3. CERTIFICATE NO.1283890096
4. 装船日根据合同及信用证确定
5. VESSEL：DONGFANG V.112
6. 集装箱号：COSU1234501
7. 报检单位登记号：1311845216
8. 唛头：根据国际惯例自行缮制
9. G.W:30kg/CTN　N.W:28kg/CTN　MEAS.:5CBM/CTN

1. 商业发票

SHANGHAI TOOLS MANUFACTURE CO., LTD.

NO.3188 JINZHANG ROAD,SHANGHAI,CHINA

COMMERCIAL INVOICE

To:		Invoice No.:	
		Invoice Date:	
From:		To:	

Marks and Numbers	Number and kind of package Description of goods	Quantity	Unit Price	Amount
	TOTAL:			
SAY TOTAL:				

2. 装箱单

SHANGHAI TOOLS MANUFACTURE CO., LTD.
NO.3188 JINZHANG ROAD,SHANGHAI,CHINA

PACKING LIST

To:		Invoice No.:	
		Invoice Date:	
From:		To:	

Marks and Numbers	Number and kind of package Description of goods	Quantity	Package	G.W	N.W	Meas.
	TOTAL:					
SAY TOTAL:						

3．托运单

货物出运委托书

（货物明细单）　日期：

根据《中华人民共和国合同法》与《中华人民共和国海商法》的规定，就出口货物委托运输事宜订立本合同。

托运人		合同号		运输编号			
		银行编号		信用证号			
		开证银行					
		汇票付款人					
		付款方式					
提单抬头		贸易性质		贸易国别			
		运输方式		消费国别			
通知人		装运期限		出口口岸			
		有效期限		目的港			
		可否转运		可否分批		运费预付	到付
		正本提单		副本提单		价格条件	

标志唛头	货名规格、海关编号	件数及包装式样	毛重（千克）	净重（千克）	价格币制：单价	总价
					TOTAL:	

法定商检：	有进料不超过20%	来料加工：	来料费：	加工费：	总尺码：	FOB价：

受托人注意事项		指定货代			
		运费		确认	
		随附单据	1．发票　份	2．装箱单　份	3．报关单　份
			4．核销单　份	5．许可证　份	
委托人注意事项		保险条款			
		保险金额：		赔款地点	
	发运信息	危险品：		制单员	

受托人（承运人或货运代理人）：

名称：

电话：　　　传真：

委托代理人签章：

委托人（即托运人）：

名称：

电话：　　　　　　传真：

联系人：

4．提单

Shipper	B/L NO.
Consignee	PIL
Notify Party	**PACIFIC INTERNATION LINES (PTE) LTD** (Incorporated in Singapore) **COMBINED TRANSPORT BILL OF LADING** Received in apparent good order and condition except as otherwise noted the total number of container or other packages or units enumerated below for transportation from the place of receipt to the place of delivery subject to the terms hereof. One of the signed Bills of Lading must be surrendered duly endorsed in exchange for the Goods or delivery order. On presentation of this document (duly) Endorsed to the Carrier by or on behalf of the Holder, the rights and liabilities arising in accordance with the terms hereof shall (without prejudice to any rule of common law or statute rendering them binding on the Merchant) become binding in all respects between the Carrier and the Holder as though the contract evidenced hereby had been made between them. **SEE TERMS ON ORIGINAL B/L**

Vessel and Voyage Number	Port of Loading	Port of Discharge
Place of Receipt	Place of Delivery	Number of Original Bs/L

PARTICULARS AS DECLARED BY SHIPPER – CARRIER NOT RESPONSIBLE

Container Nos/Seal Nos. Marks and/Numbers	No. of Container / Packages / Description of Goods	Gross Weight (Kilos)	Measurement (cu-metres)

FREIGHT & CHARGES	Number of Containers/Packages (in words)
	Shipped on Board Date:
	Place and Date of Issue:
	In Witness Whereof this number of Original Bills of Lading stated Above all of the tenor and date one of which being accomplished the others to stand void. for **PACIFIC INTERNATIONAL LINES (PTE) LTD** as Carrier

5．投保单

<table>
<tr><td colspan="8">海运出口货物投保单</td></tr>
<tr><td colspan="4">1）保险人</td><td colspan="4">2）被保险人</td></tr>
<tr><td colspan="4"></td><td colspan="4"></td></tr>
<tr><td colspan="2">3）标记</td><td colspan="2">4）包装及数量</td><td colspan="2">5）保险货物项目</td><td colspan="2">6）保险货物金额</td></tr>
<tr><td colspan="2"></td><td colspan="2"></td><td colspan="2"></td><td colspan="2"></td></tr>
<tr><td colspan="8">7）总保险金额（大写）</td></tr>
<tr><td colspan="8"></td></tr>
<tr><td colspan="8">8）运输工具 （船名） （航次）</td></tr>
<tr><td colspan="8"></td></tr>
<tr><td>9）装运港</td><td colspan="3"></td><td colspan="2">10）目的港</td><td colspan="2"></td></tr>
<tr><td colspan="4">11）投保险别</td><td colspan="2">12）货物起运日期</td><td colspan="2"></td></tr>
<tr><td colspan="8"></td></tr>
<tr><td colspan="3">13）投保日期</td><td colspan="5">14）投保人签字</td></tr>
<tr><td colspan="3"></td><td colspan="5"></td></tr>
</table>

6．保险单

<table>
<tr><td colspan="6">中保财产保险有限公司
The People's Insurance (Property) Company of China,Ltd</td></tr>
<tr><td>发票号码
Invoice No.</td><td colspan="3"></td><td>保险单号次
Policy No.</td><td></td></tr>
<tr><td colspan="6">海 洋 货 物 运 输 保 险 单
MARINE CARGO TRANSPORTATION INSURANCE POLICY</td></tr>
<tr><td>被保险人：
Insured：</td><td colspan="5"></td></tr>
<tr><td colspan="6">中保财产保险有限公司（以下简称本公司）根据被保险人的要求，及其所缴付约定的保险费，按照本保险单承担险别和背面所载条款与下列特别条款承保下列货物运输保险，特签发本保险单。
This policy of Insurance witnesses that the People's Insurance (Property) Company of China, Ltd. (hereinafter called "The Company"), at the request of the Insured and in consideration of the agreed premium paid by the Insured, undertakes to insure the undermentioned goods in transportation subject to conditions of the Policy as per the Clauses printed overleaf and other special clauses attached hereon.</td></tr>
<tr><td colspan="3">保险货物项目
Descriptions of Goods</td><td colspan="2">包装 单位 数量
Packing Unit Quantity</td><td>保险金额
Amount Insured</td></tr>
<tr><td colspan="3"></td><td colspan="2"></td><td></td></tr>
<tr><td colspan="4">承保险别
Conditions</td><td colspan="2">货物标记
Marks of Goods</td></tr>
<tr><td colspan="4"></td><td colspan="2"></td></tr>
<tr><td>总保险金额：
Total Amount Insured:</td><td colspan="5"></td></tr>
<tr><td>保费
Premium</td><td></td><td>载运输工具
Per conveyance S.S</td><td></td><td>开航日期
Slg. on or abt</td><td></td></tr>
<tr><td>起运港
Form</td><td></td><td>目的港
To</td><td colspan="3"></td></tr>
<tr><td colspan="6">所保货物，如发生本保险单项下可能引起索赔的损失或损坏，应立即通知本公司下述代理人查勘。如有索赔，应向本公司提交保险单正本（本保险单共有　　份正本）及有关文件。如一份正本已用于索赔，其余正本则自动失效。
In the event of loss or damage which may result in acclaim under this Policy, immediate notice must be given to the Company's Agent as mentioned hereunder. Claims, if any, one of the Original Policy which has been issued in original (s) together with the relevant documents shall be surrendered to the Company. If one of the Original Policy has been accomplished, the others to be void.</td></tr>
<tr><td>赔款偿付地点
Claim payable at</td><td colspan="3"></td><td colspan="2"></td></tr>
<tr><td>日期
Date</td><td></td><td>在
at</td><td></td><td colspan="2"></td></tr>
<tr><td>地址：
Address:</td><td colspan="3"></td><td colspan="2"></td></tr>
</table>

7. 报检单

中华人民共和国出入境检验检疫
出境货物报检单

报检单位（加盖公章）：						＊编　　号	
报检单位登记号：		联系人：		电话：		报检日期：	年　月　日

发货人	（中文）	
	（外文）	
收货人	（中文）	
	（外文）	

货物名称（中/外文）	H.S.编码	产地	数/重量	货物总值	包装种类及数量

运输工具名称号码		贸易方式		货物存放地点	
合同号		信用证号		用途	
发货日期		输往国家（地区）		许可证/审批号	
启运地		到达口岸		生产单位注册号	
集装箱规格、数量及号码					

合同、信用证订立的检验检疫条款或特殊要求	标记及号码	随附单据（划“✓”或补填）	
		□合同	□包装性能结果单
		□信用证	□许可/审批文件
		□发票	□
		□换证凭单	□
		□装箱单	□
		□厂检单	□

需要证单名称（划“✓”或补填）				＊检验检疫费	
□品质证书	__正__副	□植物检疫证书	__正__副	总金额（人民币元）	
□重量证书	__正__副	□熏蒸/消毒证书	__正__副		
□数量证书	__正__副	□出境货物换证凭单	__正__副	计费人	
□兽医卫生证书	__正__副	□			
□健康证书	__正__副	□			
□卫生证书	__正__副	□		收费人	
□动物卫生证书	__正__副	□			

报检人郑重声明：	领取证单	
1. 本人被授权报检。 2. 上列填写内容正确属实，货物无伪造或冒用他人的厂名、标志、认证标志，并承担货物质量责任。	日期	
签名：__________	签名	

注：有“＊”号栏由出入境检验检疫机关填写	◆国家出入境检验检疫局制
	[1-2 (2000.1.1)]

8．报关单

中华人民共和国海关出口货物报关单

预录入编号： 海关编号：

收发货人：	出口口岸	出口日期	申报日期	
生产销售单位	运输方式	运输工具名称	提运单号	
申报单位	监管方式	征免性质	备案号	
贸易国（地区）	运抵国（地区）	指运港	境内货源地	
许可证号	成交方式	运费	保费	杂费
合同协议号	件数	包装种类	毛重（千克）	净重（千克）
集装箱号	随附单证			
标记唛码及备注				
项号 商品编号 商品名称、规格型号 数量及单位 最终目的国（地区） 单价 总价 币制 征免				
特殊关系确认： 价格影响确认： 支付特许权使用费确认：				
录入员 录入单位	兹申明对以上内容承担如实申报、依法纳税之法律责任	海关批注及签章		
报关人员 申报单位（签章）				

注意事项：

（1）请认真核对，我司将严格按照此确认件申报，申报后将无法更改，由此造成的无法退税我司概不负责。

（2）境内货源地需要特别注意，申报错误将导致无法退税。

（3）涉及品牌、型号的货物一定申报准确，否则造成的扣货、退单、推迟航班以及所产生的费用由发货人承担。

（4）无纸化通关：一定确认好是否已在相应关区备案。如因为没有备案，导致的退单及费用由发货人承担。

（5）报关单请务必于到货前填制完整并确认好，否则很可能延误出运。

（6）请务必提前确认买卖双方是否存在特殊关系，是否影响价格。

（7）还要确认货物是否有品牌、是否需要品牌授权或者可能存在侵权的问题。

9．原产地证

<table>
<tr><td colspan="5">ORIGINAL</td></tr>
<tr><td colspan="2">1. Exporter

2. Consignee</td><td colspan="3">Certificate No.

CERTIFICATE OF ORIGIN
OF
THE PEOPLE'S REPUBLIC OF CHINA</td></tr>
<tr><td colspan="2">3. Means of transport and route

4. Country / region of destination</td><td colspan="3">5. For certifying authority use only</td></tr>
<tr><td>6. Marks and numbers</td><td>7. Number and kind of packages; description of goods</td><td>8. H.S.Code</td><td>9. Quantity</td><td>10. Number and date of invoices</td></tr>
<tr><td></td><td></td><td></td><td></td><td></td></tr>
<tr><td colspan="2">11. Declaration by the exporter
The undersigned hereby declares that the above details and statements are correct, that all the goods were produced in China and that they comply with the Rules of Origin of the People's Republic of China.

Place and datc, signature and stamp of authorized signatory</td><td colspan="3">12. Certification
It is hereby certified that the declaration by the exporter is correct.

Place and date, signature and stamp of certifying authority</td></tr>
</table>

10．普惠制产地证

<table>
<tr><td colspan="3">1．Goods consigned from (Exporter's business name, address, country)</td><td colspan="3">Reference No.</td></tr>
<tr><td colspan="3"></td><td colspan="3">GENERALIZED SYSTEM OF PREFERENCES
CERTIFICATE OF ORIGIN
(Combined declaration and certificate)</td></tr>
<tr><td colspan="3">2．Goods consigned to (Consignee's name, address, country)</td><td colspan="3">FORM A</td></tr>
<tr><td colspan="3"></td><td colspan="3">Issued in THE PEOPLE'S REPUBLIC OF CHINA
(country)
See Notes overleaf</td></tr>
<tr><td colspan="3">3．Means of transport and route (as far as known)</td><td colspan="3">4．For official use</td></tr>
<tr><td colspan="3"></td><td colspan="3"></td></tr>
<tr><td>5．Item number</td><td>6．Marks and numbers of packages</td><td>7. Number and kind of packages; description of goods</td><td>8．Origin criterion (see Notes overleaf)</td><td>9．Gross weight or other quantity</td><td>10．Number and date of invoices</td></tr>
<tr><td></td><td></td><td></td><td></td><td></td><td></td></tr>
<tr><td colspan="3">11．Certification
It is hereby certified, on the basis of control carried out, that the declaration by the exporter is correct.

Place and date, signature and stamp of certifying authority</td><td colspan="3">12．Declaration by the exporter
The undersigned hereby declares that the above details and statements are correct, that all the goods were
produced in CHINA
(country)
and that they comply with the origin requirements specified for those goods in the Generalized System of Preferences for goods exported to

Place and date, signature and stamp of authorized signatory</td></tr>
</table>

11. 汇票

BILL OF EXCHANGE

Drawn under						L/C NO.	
Dated			Payable with interest@			%	
NO.		Exchange for		shanghai			(Date)
At			Of this FIRST of Exchange (Second of Exchange being				
Unpaid) Pay to the order of							
Value received							
To:							
							(Authorized Signature)

12. 受益人证明

BENEFICIARY'S CERTIFICATE

第 9 章　综合实训项目参考答案

YOYO 的实习期即将结束，业务部魏经理要求 YOYO 从 6 月开始独自跟进一份合同项下的所有单据相关事宜，负责合同的顺利完成。2016 年 6 月 10 日，奥耐达（广州）餐饮用具有限公司与新加坡文华大酒店（Mandarin Orchard Singapore）签订了合作协议，具体如下。

销货合约
SALES CONTRACT

卖方
SELLER: Oneida (Guangzhou) Co., Ltd. catering equipment 22 Zhongshan Road ,Tianhe, Guangzhou ,Guangdong, China

编号 **NO.:** SZSTO111203-SP1
日期 **DATE:** June 10,2016
地点 **SIGNED IN:** Guangzhou

买方
BUYER: Mandarin Orchard Singapore 333 Orchard Road. Singapore Singapore

买卖双方同意按以下条款达成交易：
This contract Is made by and agreed between the BUYER and SELLER, in accordance with the terms and conditions stipulated below.

CODE NO.	DESCRIPTION		QTY. (PCS)	UNIT PRICE (USD/PC) CIF Singapore	AMT.(USD)
T016TPCI	不锈钢圆形托盘	Stainless steel round tray	1 200	16	19 200.00
T016TPCM	木质圆形托盘	Wooden round pallet	1 100	12	13 200.00
T016TPLM	木质长方形托盘	Wooden rectangle pallet	900	13	11 700.00
				Total	44 100.00

1．允许 5%溢短装，由卖方决定　With 5% More or less of shipment allowed at the sellers' option
2．总值（Total Value）　Say US dollars eight thousand three hundred and sixty only
3．包装（Packing）　Each should be packaged in a single plastic bag and 50 for one carton
4．唛头（Shipping Marks）　Depended on seller.
5．装运期及运输方式（Time of Shipment & means of Transportation）　During Aug, 2016.
6．装运港及目的地（Port of Loading & Destination）　From Guangzhou to Singapore
7．分批和转运　Partial shipment and transshipment: not allowed
8．保险（Insurance）　COVERING INSTITUTE CARGO CLAUSES(A), AND INSTITUTE WAR CLAUSES (CARGO) FOR AT LEAST 110% OF CIF VALUE, INCLUDING WAREHOUSE TO WAREHOUSE UP TO FINAL DESTINATION.
9．付款方式（Terms of Payment）　By irrevocable confirmed L/C at 30days after sight which should be issued before June30,2016, valid for negotiation in China for further 15 days after time of shipment.
10．备注（Remarks）

The Buyer
Mandarin Orchard Singapore

The Seller
Oneida (Guangzhou) Co., Ltd. catering equipment

2016 年 6 月 20 日，买方开来信用证，YOYO 负责审核信用证并跟进信用证的修改。

IRREVOCABLE DOCUMENTARY CRIDET

ISSUING BANK: BANK OF SINGAPORE ,SINGAPORE
ADVISING BANK: BANK OF CHINA, GUANGZHOU BRANCH.

SEQUENCE OF TOTAL	*27:	1/1
FORM OF DOC. CREDIT	*40A:	IRREVOCABLE
DOC. CREDIT NUMBER	*20:	186/04/10015
DATE OF ISSUE	31C:	160420
EXPIRY	*31D:	DATE 160716 PLACE IN SINGAPORE
APPLICANT	*50:	MANDARIN ORCHARD SINGAPORE 333 ORCHARD ROAD SINGAPORE SINGAPORE
BENEFICIARY	*59:	ONEIDA CO.,LTD.CATERING EQUIPMENT 22 ZHONGSHAN ROAD ,TIANHE, GUANGZHOU ,GUANGDONG, CHINA
AMOUNT	*32B:	CURRENCY USD AMOUNT 4410.00
AVAILABLE WITH/BY	*41D:	ANY BANK BY NEGOTIATION
DRAFT AT …	42C:	AT SIGHT
DRAWEE	*42D:	MANDARIN ORCHARD SINGAPORE
PARTIAL SHIPMENT	43P:	NOT ALLOWED
TRANSSHIPMENT	43T:	NOT ALLOWED
LOADING IN CHARGE	44A:	SINGAPORE
FOR TRANSPORT TO….	44B:	GUANGZHOU
LATEST DATE OF SHIPMENT	44C:	160631
DESCRIPT. OF GOODS	45A:	TRAY AS PER CONTRACT NO.ZSTO111203-SP1 CFR SINGAPORE
DOCUMENTS REQUIRED	46A:	

+ COMMERCIAL INVOICE IN QUADRUPLICATE ALL STAMPED AND SIGNED BY BENEFICIARY CERTIFYING THAT THE GOODS ARE OF CHINESE ORIGIN.

+ PACKING LIST IN TRIPLICATE SHOWING PACKING DETAILS.

+ FULL SET (3/3) OF CLEAN ON BOARD BILL OF LADING MADE OUT TO ORDER OF SHIPPER AND BLANK ENDORSED, MARKED FREIGHT COLLECTED AND NOTIFY APPLICANT.

+ INSURANCE POLICY/CERTIFICATE FOR 115% OF THE INVOICE VALUE SHOWING CLAIMS PAYABLE IN SINGAPORE IN CURRENCY OF THE DRAFT, BLANK ENDORSED COVERING INSTITUTE CARGO CLAUSES(B), AND INSTITUTE WAR CLAUSES(CARGO), INCLUDING WAREHOUSE TO WAREHOUSE UP TO FINAL DESTINATION.

+INSPECTION CERTIFICATE OF QUALITY ISSUED BY THE ENTRY-EXIT INSPECTION AND QUARANTINE OF THE PEOPLE'S REPUBLIC OF CHINA EVIDENCING THAT THE GOODS HAVE BEEN INSPECTED AND FOUND TO BE IN COMPLIANCE WITH THE CONTRACT.

+CERTIFICATE OF ORIGIN CERTIFICATE OF ORIGIN IN 1 ORIGINAL AND 2 COPIES ISSUED BY INTL CHAMBER OF COMMERCE IN CHINA.

+CERTIFICATE STAMPED AND SIGNED BY BENEFICIARY STATING THAT THE ORIGINAL INVOICE AND PACKING LIST HAVE BEEN SENT TO APPLICANT BY COURIER SERVICE 2 DAYS BEFORE SHIPMENT.

+ BENEFICIARY'S CERTIFIED COPY OF FAX ADVISING VESSEL'S NAME，BILL OF LADING NUMBER，SHIPMENT DATE，GROSS AND NET WEIGHT，VALUE AND QUANTITY OF GOODS MUST BE SENT ON THE DATE OF SHIPMENT TO APPLICANT.

47A: ADDITIONAL CONDITIONS.

+ INSURANCE IS BEING ARRANGED BY THE SELLER.

+ USD50.00 DISCREPANCY FEE, FOR BENEFICIARY'S ACCOUNT, WILL BE DEDUCTED FROM THE REIMBURSEMENT CLAIM FOR PRESENTATION OF THE DISCREPANT DOCUMENTS UNDER THIS CREDIT.

DETAILS OF CHARGES	71B: ALL BANK CHARGES ARE FOR THE ACCOUNT OF THE BENEFICIARY.
PRESENTATION PERIOD	48: WITHIN 21 DAYS AFTER THE DATE OF SHIPMENT BUT WITHIN THE VALIDITY OF THE CREDIT.
CONFIRMATION	*49: WITHOUT

审证结果

1. 31C 信用证开立日早于合同日，应该改为 20160620
2. 31D 信用证到期日应改为 20160915
3. 31D 信用证到期地点错，应改为 CHINA
4. 32B 金额有误，应改为 441000
5. 42C 应改为 AT 30DAYS AFTER SIGHT
6. 42D 付款人应该改为开证行
7. 44A 应该改为 GUANGZHOU
8. 44B 应该改为 SINGAPORE
9. 45A 合同号错，应改为 SZSTO111203-SP1
10. 45A 贸易术语错，应改为 CIF
11. 46A FREIGHT COLLECTED 应改为 FREIGHT PREPAID
12. 46A 保险加成错，115%改为 110%
13. 46A 保险险别错，CARGO CLAUSES(B)改为 CARGO CLAUSES(A)
14. 49 without 改为 confirmed

信用证审核后，YOYO 将需要更正的条款发给新加坡文化酒店的 Jerry，希望在 6 月 30 日之前收到信用证修改通知书。7 月 1 日 YOYO 根据更改后的信用证缮制全套单据，并办理租船订舱、报检、报关、保险等相关手续。

根据合同及修改后的信用证及以下补充资料，缮制相关单据。

补充资料：

1. INVOICE NO.：TY034
2. H.S.CODE：根据商品名称上通关网查询
3. CERTIFICATE NO.1283890096
4. 装船日根据合同及信用证确定
5. VESSEL：DONGFANG V.112
6. 集装箱号：COSU1234501
7. 报检单位登记号：1311845216
8. 唛头：根据国际惯例自行缮制
9. G.W：30kg/CTN　N.W：28kg/CTN　MEAS.：5CBM/CTN

1. 商业发票

SHANGHAI TOOLS MANUFACTURE CO.，LTD.

NO.3188 JINZHANG ROAD,SHANGHAI,CHINA

COMMERCIAL INVOICE

To:	Mandarin Orchard Singapore 333 Orchard Road. Singapore Singapore	**Invoice No.:**	TY034
		Invoice Date:	20160631

From:	GUANGZHOU	**To:**	Singapore

Marks and Numbers	**Number and kind of package** **Description of goods**	**Quantity**	**Unit Price** **CIF Singapore**	**Amount** **USD**
MOS Singapore SZSTO111203-SP1 NO.1-64	T016TPCI Stainless steel round tray T016TPCM Wooden round pallet T016TPLM Wooden rectangle pallet	1 200 1 100 900	USD 16/PC USD 12/PC USD 13/PC	19 200.00 13 200.00 11 700.00
	TOTAL:	3200		44 100.00

SAY TOTAL:	**US dollars forty four thousand and one hundred only.**

Oneida (Guangzhou) Co., Ltd. Catering equipment

YOYO

2. 装箱单

<table>
<tr><td colspan="8">SHANGHAI TOOLS MANUFACTURE CO.， LTD.
NO.3188 JINZHANG ROAD,SHANGHAI,CHINA</td></tr>
<tr><td colspan="8">PACKING LIST</td></tr>
<tr><td>To:</td><td colspan="4">Mandarin Orchard Singapore
333 Orchard Road. Singapore
Singapore</td><td colspan="3">Invoice No.: TY034
Invoice Date: 20160631</td></tr>
<tr><td>From:</td><td colspan="2">GUANGZHOU</td><td colspan="2">To:</td><td colspan="3">Singapore</td></tr>
<tr><td>Marks and Numbers</td><td>Number and kind of package Description of goods</td><td>Quantity</td><td>Package</td><td>G.W(kg)</td><td>N.W(kg)</td><td>Meas.(CBM)</td><td></td></tr>
<tr><td>MOS
Singapore
SZSTO111203
-SP1
NO.1-64</td><td>64CARTONS
T016TPCI Stainless steel round tray
T016TPCM Wooden round pallet
T016TPLM
Wooden rectangle pallet</td><td>1 200

1 100

900</td><td>24

22

18</td><td>720

660

540</td><td>672

616

504</td><td>120

110

90</td><td></td></tr>
<tr><td colspan="2">TOTAL:</td><td>3 200</td><td>64</td><td>1 920</td><td>1 847</td><td>320</td><td></td></tr>
<tr><td>SAY TOTAL:</td><td colspan="7">ALL PACKED IN SIXTY FOUR CARTONS ONLY.</td></tr>
<tr><td colspan="8">Oneida (Guangzhou) Co., Ltd. catering equipment
YOYO</td></tr>
</table>

3. 托运单

货物出运委托书

（货物明细单）　日期:

根据《中华人民共和国合同法》与《中华人民共和国海商法》的规定，就出口货物委托运输事宜订立本合同。

合同号	SZSTO111203-SP1	运输编号	
银行编号		信用证号	186/04/10015
开证银行	BANK OF SINGAPORE		
汇票付款人	BANK OF SINGAPORE		
付款方式	L/C at 30days after sight		

托运人	Oneida (Guangzhou) Co., Ltd. catering equipment
提单抬头	To order of shipper
通知人	Mandarin Orchard Singapore 333 Orchard Road. Singapore Singapore

贸易性质	一般贸易			贸易国别	新加坡	
运输方式	海运			消费国别	新加坡	
装运期限	2016 年 8 月			出口口岸	广州	
有效期限	2016 年 8 月 31 日			目的港	新加坡	
可否转运	否	可否分批	否	运费预付	预付	到付
正本提单	3	副本提单	3	价格条件	CIF	

标志唛头	货名规格、海关编号	件数及包装式样	毛重（千克）	净重（千克）	价格币制：OSD 单价	总价
MOS Singapore SZSTO111203-SP1 NO.1-64	T016TPCI Stainless steel round tray T016TPCM Wooden round pallet T016TPLM Wooden rectangle pallet	64packages	1 920	1 847	USD16/PC USD13/PC USD12/PC	19 200 13 200 11 700
					TOTAL:	44 100

法定商检:	有进料不超过 20%	来料加工:	来料费:	加工费:	总尺码:	FOB 价:

受托人注意事项			
指定货代			
运费		确认	
随附单据	1. 发票 1 份	2. 装箱单 1 份	3. 报关单　份
	4. 核销单　份	5. 许可证　份	

委托人注意事项			
保险条款			
保险金额：USD48 510.00		赔款地点	新加坡
发运信息	危险品:	制单员	

受托人（承运人或货运代理人）：　　委托人（即托运人）：Oneida (Guangzhou) Co., Ltd. Catering equipment

名称:　　名称:

电话:　传真:　　电话:　传真:

委托代理人签章:　　联系人:

4．提单

<table>
<tr><td colspan="2">Shipper
Oneida (Guangzhou) Co., Ltd. catering equipment</td><td colspan="3" rowspan="3">B/L NO.

PIL
PACIFIC INTERNATION LINES (PTE) LTD
(Incorporated in Singapore)
COMBINED TRANSPORT BILL OF LADING
Received in apparent good order and condition except as otherwise noted the total number of container or other packages or units enumerated below for transportation from the place of receipt to the place of delivery subject to the terms hereof. One of the signed Bills of Lading must be surrendered duly endorsed in exchange for the Goods or delivery order. On presentation of this document (duly) Endorsed to the Carrier by or on behalf of the Holder, the rights and liabilities arising in accordance with the terms hereof shall (without prejudice to any rule of common law or statute rendering them binding on the Merchant) become binding in all respects between the Carrier and the Holder as though the contract evidenced hereby had been made between them.
SEE TERMS ON ORIGINAL B/L</td></tr>
<tr><td colspan="2">Consignee
To order of shipper</td></tr>
<tr><td colspan="2">Notify Party
Mandarin Orchard Singapore
333 Orchard Road. Singapore
Singapore</td></tr>
<tr><td colspan="2">Vessel and Voyage Number
DONGFANG V.112</td><td colspan="2">Port of Loading
GUANGHZOU</td><td>Port of Discharge
SINGAPORE</td></tr>
<tr><td colspan="2">Place of Receipt</td><td colspan="2">Place of Delivery</td><td>Number of Original Bs/L
Three (3)</td></tr>
<tr><td colspan="5">PARTICULARS AS DECLARED BY SHIPPER – CARRIER NOT RESPONSIBLE</td></tr>
<tr><td>Container Nos/Seal Nos.
Marks and/Numbers</td><td colspan="2">No. of Container / Packages /
Description of Goods</td><td>Gross Weight
(Kilos)</td><td>Measurement
(cu-metres)</td></tr>
<tr><td>MOS
Singapore
SZSTO111203-SP1
NO.1-64

COSU1234501</td><td colspan="2">64 cartons
T016TPCI Stainless steel round tray
T016TPCM Wooden round pallet
T016TPLM Wooden rectangle pallet</td><td>1 920</td><td>320</td></tr>
<tr><td colspan="2" rowspan="4">FREIGHT & CHARGES

FREIGHT PREPAID</td><td colspan="3">Number of Containers/Packages (in words)
SIXTY FOUR CARTONS ONLY</td></tr>
<tr><td colspan="3">Shipped on Board Date:
20160815</td></tr>
<tr><td colspan="3">Place and Date of Issue:
GUANGZHOU 20160815</td></tr>
<tr><td colspan="3">In Witness Whereof this number of Original Bills of Lading stated Above all of the tenor and date one of which being accomplished the others to stand void.
PACIFIC INTERNATION LINES (PTE) LTD
AS CARRIER

for PACIFIC INTERNATIONAL LINES (PTE) LTD as Carrier</td></tr>
</table>

5. 投保单

<table>
<tr><td colspan="4">海运出口货物投保单</td></tr>
<tr><td colspan="2">1）保险人</td><td colspan="2">2）被保险人</td></tr>
<tr><td colspan="2">Oneida (Guangzhou) Co., Ltd. catering equipment</td><td colspan="2">Oneida (Guangzhou) Co., Ltd. catering equipment</td></tr>
<tr><td>3）标记</td><td>4）包装及数量</td><td>5）保险货物项目</td><td>6）保险货物金额</td></tr>
<tr><td>MOS
Singapore
SZSTO111203-SP1
NO.1-64</td><td>64CARTONS</td><td>T016TPCI Stainless steel round tray
T016TPCM Wooden round pallet
T016TPLM Wooden rectangle pallet</td><td>USD48510</td></tr>
<tr><td colspan="4">7）总保险金额（大写）</td></tr>
<tr><td colspan="4">Say US dollars forty eight thousand and five ten only .</td></tr>
<tr><td colspan="4">8）运输工具 （船名） （航次）</td></tr>
<tr><td colspan="4">DONGFANG V.112</td></tr>
<tr><td>9）装运港</td><td>GUANGZHOU</td><td>10）目的港</td><td>Singapore</td></tr>
<tr><td colspan="2">11）投保险别</td><td>12）货物起运日期</td><td>20160815</td></tr>
<tr><td colspan="4">COVERING INSTITUTE CARGO CLAUSES(A), AND INSTITUTE WAR CLAUSES(CARGO)</td></tr>
<tr><td colspan="2">13）投保日期</td><td colspan="2">14）投保人签字</td></tr>
<tr><td colspan="2">20160812</td><td colspan="2">YOYO</td></tr>
</table>

6．保险单

<table>
<tr><td colspan="6">中保财产保险有限公司
The People's Insurance (Property) Company of China,Ltd</td></tr>
<tr><td>发票号码
Invoice No.</td><td colspan="2">TY034</td><td colspan="2">保险单号次
Policy No.</td><td></td></tr>
<tr><td colspan="6">海洋货物运输保险单
MARINE CARGO TRANSPORTATION INSURANCE POLICY</td></tr>
<tr><td>被保险人：
Insured:</td><td colspan="5">Oneida (Guangzhou) Co., Ltd. catering equipment</td></tr>
<tr><td colspan="6">中保财产保险有限公司（以下简称本公司）根据被保险人的要求，及其所缴付约定的保险费，按照本保险单承担险别和背面所载条款与下列特别条款承保下列货物运输保险，特签发本保险单。
This policy of Insurance witnesses that the People's Insurance (Property) Company of China, Ltd. (hereinafter called "The Company"), at the request of the Insured and in consideration of the agreed premium paid by the Insured, undertakes to insure the undermentioned goods in transportation subject to conditions of the Policy as per the Clauses printed overleaf and other special clauses attached hereon.</td></tr>
<tr><td colspan="2">保险货物项目
Descriptions of Goods</td><td>包装
Packing</td><td>单位
Unit</td><td>数量
Quantity</td><td>保险金额
Amount Insured</td></tr>
<tr><td colspan="2">T016TPCI Stainless steel round tray
T016TPCM Wooden round pallet
T016TPLM Wooden rectangle pallet</td><td>64 cartons</td><td>PC</td><td>3200</td><td>USD48510</td></tr>
<tr><td colspan="4">承保险别
Conditions
COVERING INSTITUTE CARGO CLAUSES(A), AND INSTITUTE WAR CLAUSES(CARGO)</td><td colspan="2">货物标记
Marks of Goods
MOS
Singapore
SZSTO111203-SP1
NO.1-64</td></tr>
<tr><td>总保险金额：
Total Amount Insured:</td><td colspan="5">Say US dollars forty eight thousand and five ten only .</td></tr>
<tr><td>保费
Premium</td><td>AS arranged</td><td>载运输工具
Per conveyance S.S</td><td>As per B/L</td><td>开航日期
Slg. on or abt</td><td>20160815</td></tr>
<tr><td>起运港
Form</td><td>GUANGZHOU</td><td>目的港
To</td><td colspan="3">Singapore</td></tr>
<tr><td colspan="6">所保货物，如发生本保险单项下可能引起索赔的损失或损坏，应立即通知本公司下述代理人查勘。如有索赔，应向本公司提交保险单正本（本保险单共有　　份正本）及有关文件。如一份正本已用于索赔，其余正本则自动失效。
In the event of loss or damage which may result in acclaim under this Policy, immediate notice must be given to the Company's Agent as mentioned hereunder. Claims, if any, one of the Original Policy which has been issued in original (s) together with the relevant documents shall be surrendered to the Company. If one of the Original Policy has been accomplished, the others to be void.</td></tr>
<tr><td>赔款偿付地点
Claim payable at</td><td colspan="4">Singapore IN USD</td><td></td></tr>
<tr><td>日期
Date</td><td>20160813</td><td>在
at</td><td colspan="2">GUANGZHOU</td><td></td></tr>
<tr><td>地址：
Address:</td><td colspan="2"></td><td colspan="3">The People's Insurance (Property) Company of China,Ltd</td></tr>
</table>

7．报检单

<table>
<tr><td colspan="2">CIQ</td><td colspan="6">中华人民共和国出入境检验检疫
出境货物报检单</td></tr>
<tr><td colspan="2">报检单位（加盖公章）：</td><td colspan="4">奥耐达（广州）餐饮用具有限公司</td><td>＊编　号</td><td></td></tr>
<tr><td>报检单位登记号：</td><td>11.131184521</td><td>联系人：</td><td>YOYO</td><td>电话：</td><td></td><td>报检日期：</td><td>2016年8月7日</td></tr>
<tr><td rowspan="2">发货人</td><td>（中文）</td><td colspan="6">奥耐达（广州）餐饮用具有限公司</td></tr>
<tr><td>（外文）</td><td colspan="6">Oneida (Guangzhou) Co., Ltd. catering equipment</td></tr>
<tr><td rowspan="2">收货人</td><td>（中文）</td><td colspan="6"></td></tr>
<tr><td>（外文）</td><td colspan="6">Mandarin Orchard Singapore</td></tr>
<tr><td>货物名称（中/外文）</td><td>H.S.编码</td><td>产地</td><td colspan="2">数/重量</td><td>货物总值</td><td colspan="2">包装种类及数量</td></tr>
<tr><td>T016TPCI 不锈钢圆形托盘
Stainless steel round tray</td><td></td><td>中国广州</td><td colspan="2">1 300件</td><td>19 200</td><td colspan="2">24CARTONS</td></tr>
<tr><td>T016TPCM 木制圆形托盘
Wooden round pallet</td><td></td><td></td><td colspan="2">1 200件</td><td>13 200</td><td colspan="2">22CARTONS</td></tr>
<tr><td>T016TPLM 木制长方形托盘
Wooden rectangle pallet</td><td></td><td></td><td colspan="2">900件</td><td>11 700</td><td colspan="2">18CARTONS</td></tr>
<tr><td>运输工具名称号码</td><td>DONGFANG V.112</td><td>贸易方式</td><td colspan="2">一般贸易</td><td>货物存放地点</td><td colspan="2">奥耐达（广州）餐饮用具有限公司仓库</td></tr>
<tr><td>合同号</td><td colspan="2">SZSTO111203-SP1</td><td>信用证号</td><td colspan="2">186/04/10015</td><td>用途</td><td>其他</td></tr>
<tr><td>发货日期</td><td>20160815</td><td>输往国家（地区）</td><td>新加坡</td><td colspan="2">许可证/审批号</td><td colspan="2"></td></tr>
<tr><td>启运地</td><td>广州</td><td>到达口岸</td><td>新加坡</td><td colspan="2">生产单位注册号</td><td colspan="2"></td></tr>
<tr><td colspan="2">集装箱规格、数量及号码</td><td colspan="6"></td></tr>
<tr><td colspan="2">合同、信用证订立的检验检疫条款或特殊要求</td><td colspan="3">标记及号码</td><td colspan="3">随附单据（划“✓”或补填）</td></tr>
<tr><td colspan="2"></td><td colspan="3">MOS
Singapore
SZSTO111203-SP1
NO.1-64</td><td colspan="2">☑合同
☑信用证
☑发票
☐换证凭单
☑装箱单
☐厂检单</td><td>☐包装性能结果单
☐许可/审批文件
☐
☐
☐
☐</td></tr>
<tr><td colspan="5">需要证单名称（划“✓”或补填）</td><td colspan="3">*检验检疫费</td></tr>
<tr><td>☐品质证书
☐重量证书
☐数量证书
☐兽医卫生证书
☐健康证书
☐卫生证书
☐动物卫生证书</td><td>1正1副
__正__副
__正__副
__正__副
__正__副
__正__副
__正__副</td><td colspan="2">☐植物检疫证书
☐熏蒸/消毒证书
☐出境货物换证凭单
☐
☐
☐
☐</td><td>__正__副
__正__副
__正__副</td><td colspan="3">总金额（人民币元）：
计费人：
收费人：</td></tr>
<tr><td colspan="5">报检人郑重声明：
1．本人被授权报检。
2．上列填写内容正确属实，货物无伪造或冒用他人的厂名、标志、认证标志，并承担货物质量责任。
签名：YOYO</td><td colspan="3">领取证单
日期：
签名：</td></tr>
<tr><td colspan="4">注：有“*”号栏由出入境检验检疫机关填写</td><td colspan="4">◆国家出入境检验检疫局制
[1-2 (2000.1.1)]</td></tr>
</table>

8. 报关单

中华人民共和国海关出口货物报关单

预录入编号：　　　　　　　　　　　　　　　　　　海关编号：

收发货人：奥耐达（广州）餐饮用具有限公司（4420160035）	出口口岸 黄埔海关	出口日期 20160815	申报日期 20160812

生产销售单位 4420160035	运输方式 江海运输	运输工具名称 DONGFANG V.112	提运单号 Coso081378

申报单位 奥耐达（广州）餐饮用具有限公司	监管方式	征免性质 一般征税	备案号

贸易国（地区） 新加坡	运抵国（地区） 新加坡	指运港 新加坡	境内货源地 奥耐达（广州）餐饮用具有限公司仓库

许可证号	成交方式 CIF	运费 502/2178/3	保费 502/481/3	杂费

合同协议号 SZSTO111203-SP1	件数 64	包装种类 纸箱	毛重（千克） 1 920	净重（千克） 1 847

集装箱号 COSU1234501	随附单证 **B**

标记唛头及备注
MOS
Singapore
SZSTO111203-SP1
NO.1-64

项号	商品编号	商品名称、规格型号	数量及单位	最终目的国（地区）	单价	总价	币制	征免
1	39241000	Stainless steel round tray 不锈钢圆形托盘	1 300 件	新加坡	16	19 200.00	USD	照章
2	39241000	Wooden round pallet 木质圆形托盘	1 200 件	新加坡	13	13 200.00	USD	照章
3	39241000	Wooden rectangle pallet 木质长方形托盘	900 件	新加坡	12	11 700.00	USD	照章

特殊关系确认：否　　价格影响确认：否　　支付特许权使用费确认：是

录入员　录入单位	兹申明对以上内容承担如实申报、依法纳税之法律责任	海关批注及签章

报关人员　YOYO　　　　申报单位（签章）奥耐达（广州）餐饮用具有限公司

注意事项：

（1）请认真核对，我司将严格按照此确认件申报，申报后将无法更改，由此造成的无法退税我司概不负责。

（2）境内货源地需要特别注意，申报错误将导致无法退税。

（3）涉及品牌、型号的货物一定申报准确，否则造成的扣货、退单、推迟航班以及所产生的费用由发货人承担。

（4）无纸化通关：一定确认好是否已在相应关区备案。如因为没有备案，导致的退单及费用由发货人承担。

（5）报关单请务必于到货前填制完整并确认好，否则很可能延误出运。

（6）请务必提前确认买卖双方是否存在特殊关系，是否影响价格。

（7）还要确认货物是否有品牌、是否需要品牌授权或者可能存在侵权的问题。

9．原产地证

<table>
<tr><td colspan="5">ORIGINAL</td></tr>
<tr><td colspan="2">1．Exporter</td><td colspan="3">Certificate No.</td></tr>
<tr><td colspan="2">Oneida (Guangzhou) Co., Ltd. Catering equipment
22 Zhongshan Road,Tianhe, Guangzhou, Guangdong, China</td><td colspan="3" rowspan="3">CERTIFICATE OF ORIGIN
OF
THE PEOPLE'S REPUBLIC OF CHINA</td></tr>
<tr><td colspan="2">2．Consignee</td></tr>
<tr><td colspan="2">Mandarin Orchard Singapore
333 Orchard Road. Singapore, Singapore</td></tr>
<tr><td colspan="2">3．Means of transport and route</td><td colspan="3">5．For certifying authority use only</td></tr>
<tr><td colspan="2">From Guangzhou to Singapore by sea on Aug.15</td><td colspan="3" rowspan="3"></td></tr>
<tr><td colspan="2">4．Country / region of destination</td></tr>
<tr><td colspan="2">Singapore</td></tr>
<tr><td>6．Marks and numbers</td><td>7．Number and kind of packages; description of goods</td><td>8．H.S.Code</td><td>9．Quantity</td><td>10．Number and date of invoices</td></tr>
<tr><td>MOS
Singapore
SZSTO111203-SP1
NO.1-64</td><td>T016TPCI Stainless steel round tray
T016TPCM Wooden round pallet
T016TPLM Wooden rectangle pallet</td><td>39241000</td><td>3200</td><td>Invoice No.TY034
date June 30th,2016</td></tr>
<tr><td colspan="2">11．Declaration by the exporter
The undersigned hereby declares that the above details and statements are correct, that all the goods were produced in China and that they comply with the Rules of Origin of the People's Republic of China.</td><td colspan="3">12．Certification
It is hereby certified that the declaration by the exporter is correct.</td></tr>
<tr><td colspan="2"></td><td colspan="3"></td></tr>
<tr><td colspan="2">Guangzhou ,Aug.10th 2016 Oneida (Guangzhou) Co., Ltd. Catering equipment</td><td colspan="3">Guangzhou ,Aug.10th 2016</td></tr>
<tr><td colspan="2"></td><td colspan="3"></td></tr>
<tr><td colspan="2">Place and date, signature and stamp of authorized signatory</td><td colspan="3">Place and date, signature and stamp of certifying authority</td></tr>
</table>

10. 普惠制产地证

1. Goods consigned from (Exporter's business name, address, country)	Reference No.
Oneida (Guangzhou) Co., Ltd. catering equipment 22 Zhongshan Road, Tianhe, Guangzhou, Guangdong, China	**GENERALIZED SYSTEM OF PREFERENCES** **CERTIFICATE OF ORIGIN** (Combined declaration and certificate)
2. Goods consigned to (Consignee's name, address, country)	**FORM A**
Mandarin Orchard Singapore 333 Orchard Road. Singapore Singapore	Issued in THE PEOPLE'S REPUBLIC OF CHINA (country) See Notes overleaf
3. Means of transport and route (as far as known)	4. For official use
From Guangzhou to Singapore by sea on Aug.15	

5. Item number	6. Marks and numbers of packages	7. Number and kind of packages; description of goods	8. Origin criterion (see Notes overleaf)	9. Gross weight or other quantity	10. Number and date of invoices
1	MOS Singapore SZSTO111203-SP1 NO.1-64	T016TPCI Stainless steel round tray T016TPCM Wooden round pallet T016TPLM Wooden rectangle pallet	"P"	1920	Invoice No.TY034 date June 30th,2016

11. Certification	12. Declaration by the exporter
It is hereby certified, on the basis of control carried out, that the declaration by the exporter is correct.	The undersigned hereby declares that the above details and statements are correct, that all the goods were produced in CHINA (country) and that they comply with the origin requirements specified for those goods in the Generalized System of Preferences for goods exported to Singapore
	Guangzhou ,Aug.7th 2016 Oneida (Guangzhou) Co., Ltd. catering equipment
Place and date, signature and stamp of certifying authority	Place and date, signature and stamp of authorized signatory

11．汇票

<table>
<tr><td colspan="8">BILL OF EXCHANGE</td></tr>
<tr><td>Drawn under</td><td colspan="4">BANK OF SINGAPORE</td><td>L/C NO.</td><td colspan="2">186/04/10015</td></tr>
<tr><td>Dated</td><td colspan="3">20160620</td><td>Payable with interest@</td><td></td><td>%</td><td></td></tr>
<tr><td>NO.</td><td>TY034</td><td>Exchange for</td><td>USD44100.00</td><td>shanghai</td><td></td><td colspan="2">(Date) Aug16th,2016</td></tr>
<tr><td>At</td><td colspan="3">30days after sight</td><td colspan="4">Of this FIRST of Exchange (Second of Exchange being</td></tr>
<tr><td colspan="8">Unpaid) Pay to the order of Bank of China Guangzhou branch</td></tr>
<tr><td colspan="8">Say US dollars forty four thousand and one hundred only.</td></tr>
<tr><td>Value received</td><td colspan="7"></td></tr>
<tr><td>To:</td><td colspan="5">BANK OF SINGAPORE
SINGAPORE</td><td colspan="2"></td></tr>
<tr><td colspan="8">Oneida (Guangzhou) Co., Ltd. Catering equipment
YOYO
(Authorized Signature)</td></tr>
</table>

12．受益人证明

BENEFICIARY'S CERTIFICATE

S/C NO.:SZSTO111203-SP1
L/C NO.:186/04/10015
DATE:20160815

To: whom it may concerned

We here by certify that COPY OF FAX ADVISING VESSEL'S NAME，BILL OF LADING NUMBER，SHIPMENT DATE，GROSS AND NET WEIGHT，VALUE AND QUANTITY OF GOODS HAVE BEEN SENT ON THE DATE OF SHIPMENT TO MANDARIN ORCHARD SINGAPORE.

Oneida (Guangzhou) Co., Ltd. catering equipment
YOYO

第 10 章　课后实训项目

本章实训项目所涉及的合同及信用证资料如下。

CONTRACT

No.:　CN0104
Place: Beijing, China
Date: Dec. 27, 2015

The Buyer:
China ABC TRADE CORP.
Adds:No.10 Fuchengmen Ave.,
Beijing 100037,　China
Tel: +86-10-686832, 686832
Fax: +86-10-686833

The Seller:
John Williams Agricultural Machinery Co., LTD
Adds: No. 75 Coastal Road, New York,
NY10000, USA
Tel/Fax: +1-221-4881300

The Buyer agrees to buy and the Seller agrees to sell the under mentioned goods under the terms and conditions stated below :

1.**Description of Goods, Quantity and Unit Price:**

Item No.	Commodity & Specifications	Unit	Qnty.	Unit Price	Amount
1.	*John Williams Model-390* Mower	set	30	USD3350.-	USD100,500.-
				Total:**USD100,500.-** **CIF Xingang,China***	
Total Value	SAY US DOLLAR ONE HUNDRED THOUSAND FIVE HUNDRED ONLY.				

(*The price terms are based on INCOTERMS 2010)

2.**Manufacturer and Country of Origin:　John Williams Agricultural Machinery Co., LTD , USA**

3.**Packing:** In CONTAINER(S), be good for long distance ocean, land transportation, adapted to climate-changing and resistant to moisture, wet, shock, rusty and rude loading. The Seller shall be liable for any damage or loss of the goods caused by improper packing attributable to inadequate protective measures in packing .

4.**Shipping Mark:**　　CN0104
Xingang, China

The Seller shall mark on each package with fadeless paint the package number, measurement, gross weight, net weight, and such warnings as "KEEP AWAY FROM MOISTURE", "HANDLE WITH CARE", "THIS SIDE UP" and "LIFT HERE" as well as the Shipping Mark.

5. **Date of Shipment:** within 90 days after the issuing date of L/C

6. **Port of Shipment:** New York Seaport, USA

Destination: Xingang, China

7. **Partial shipment:** Not Allowed **Transhipment:** Not Allowed

8. **Insurance:** To be borne by the Seller covering 110% of the total invoiced value against All Risks & War Risks in favor of the Buyer.

9. **Terms of Payment: L/C**

Before Jan.30, 2016, the Buyer shall open an Irrevocable Letter of Credit through Bank of Communications Beijing Branch, in favor of the Seller, advising through and negotiated with "ABN Bank, New York, USA(swift: ABNNNNNNNNN)" for 100% of the total value of the contract, expired on the 15th day after shipment ,in USA. Payment shall be effected by the opening bank against the presentation of the Buyer's drafts drawn at sight on the opening bank accompanied with the documents specified in Clause 10 hereof. All banking charges outside the opening bank are for the Beneficiary's account .

10.**Documents:**

(1) A full set (3 originals &3 copies) of ***Clean On Board Bill of Lading*** made out to order and blank endorsed, marked "Freight Prepaid" notifying applicant .

(2) Signed ***Commercial Invoice*** in 3 originals and 3 copies indicating L/C No. and Contract No. .

(3) ***Packing List*** in 3 originals and 3 copies indicating Weight, Date, and Invoice Number of the shipped goods issued by the manufacturer.

(4) Full set of ***Insurance Policy*** or Certificate ,blank endorsed, payable in China covering 110% of Invoice Value against All Risks & War Risks.

(5) ***Certificate of Quality*** in 3 originals and 3 copies issued by the manufacturer .

(6) ***Certificate of Quantity*** in 3 originals and 3 copies issued by the manufacturer.

(7) ***Certificate of Origin*** in 1 original & 2 copies issued by International Chamber of Commerce in USA .

(8) ***Beneficiary's certified copy of fax*** dispatched to the Buyer with 48 hours after shipment advising name of vessel, date, quantity, weight and value of shipment.

(9) ***Beneficiary's certificate*** certifying that one set of copy of the above documents has been sent to the Buyer by express mail within 15 days after the date of shipment.

11. **Shipment:**

The Seller shall arrange for the transportation of the goods from the Port of Shipment to the Destination .

12. **Shipping Advice:**

The Seller shall, within 48 HOURS after shipment, advise the Buyer by fax of the Contract Number, Invoice number, B/L number, description of goods, quantity, invoiced value, gross weight, name of vessel and date of shipment.

13. **Inspection and Claims:**

(1) Prior to dispatch of the contracted goods, the Seller shall perform a complete and detailed inspection of quality, quantity, performance, etc., and issue certificate(s) to testify that the commodity is in conformity with the stipulations of the contract.

(2) After the contracted goods' arrival at the Destination, the Buyer reserves the right to apply to the China Commodity Inspection Bureau to perform any necessary inspection. Except those claims for which the insurance company or the owners of the vessel are liable, should the quality of specification or quantity be found not in conformity with the stipulations of the contract, within 90 days of the arrival of the goods at destination, the Buyer can use the Inspection Certificate issued by said organization to claim for replacement as compensation. All the expenses incurred, such as inspection fee, freight for returning and sending of replacement, insurance premium, storage, loading and unloading charges, shall be borne by the Seller.

(3) If the Seller fails to respond within 30 days after receipt of the aforesaid claim, the claim shall be reckoned as having been accepted by the Seller.

14. **Force Majeure:**

The Seller shall lose no time to advise the Buyer of delay in shipment or non-delivery of the goods due to Force Majeure during the process of manufacturing or in the course of loading and express to the Buyer within 14 days with a certificate of the incident issued by local government authorities. In such case, the Seller is still liable to take all possible measures to expedite the shipment. Should the incident last over 10 weeks, the Buyer shall have the right to treat the contract as null and void.

15. **Arbitration:**

All disputes in connection with this Contract of the execution thereof shall be settled through friendly negotiation. Should no settlement be reached, the case may then be submitted for arbitration to the Arbitration Committee of the China Council for the Promotion of International Trade and be subject to the rules and procedures of the said Arbitration Committee. The Arbitration shall take place in Beijing, the People's Republic of China. The arbitration result of the Committee shall be final and binding upon both Parties. Neither Party shall seek recourse to a court or other authorities to appeal for revision of the arbitration. The arbitration fee and attorneys' charges shall be borne by the losing Party.

16. This Contract shall be made in original and duplicate, one for each Party, and shall be binding on both Parties under the terms and conditions stipulated herein upon being signed in the presence for witnesses.

The Buyer ______________________________ **The Seller** ______________________________

```
****** MESSAGE HARDCOPY ******                         JAN-30-2016 16:21    page no :3055
Status    : DISPOSED TO THE TBVQ
Station : 4                          BEGINNING OF MESSAGE
------------------------------------------------------------------------------------------
HCPY *   FIN/Session/ ISN                  : F01      .SS.            .SEQ..
HCPY *   Own Address                       :  COMMCNSHABJG   BANK OF COMMUNICATIONS
HCPY *                                                                       BEIJING
HCPY *                                                              (BEIJING BRANCH)
HCPY *   Input Message Type                :   700   ISSUE OF A DOCUMENTARY CREDIT
HCPY *   Sent to                           :   ABNNNNNNNNN          ABN BANK
HCPY *                                                              NEW YORK
HCPY *                                                     (NEW YORK BRANCH)
HCPY *   Input Time                        :
HCPY *   MIR                               : COMMCNSHABJG.SS.. SEQ..
HCPY *   Priority                          : Normal
HCPY * ------------------------------------------------------------------------------------
HCPY *   27   / SEQUENCE OF TOTAL
HCPY *           1/1
HCPY *   40A/FORM OF DOCUMENTARY CREDIT
HCPY *           IRREVOCABLE
HCPY *   20   /DOCUMENTARY CREDIT NUMBER
HCPY *           LCC0201602526
HCPY *   31C/DATE OF ISSUE
HCPY *           010130
HCPY *                                                          JAN-30-2016
HCPY *   31D/DATE AND PLACE OF EXPIRY
HCPY *           010515    IN USA
HCPY *                                                          MAY-15-2016
HCPY *   50   /APPLICANT
HCPY *           CHINA ABC TRADE CORPORATION
HCPY *           DETAILS PLS SEE FIELD 47A ITEM 3
HCPY *   59   /BENEFICIARY
HCPY *           JOHN WILLIAMS AGRICULTURAL MACHINERY CO., LTD NO.75 COASTAL ROAD ,
HCPY *           FOREST DISTRICT, NEW YORK ,    NY10000 ,USA TEL/FAX:1-221-4881300
HCPY *   32B/CURRENCY CODE AMOUNT
HCPY *            USD100500.
HCPY *                                                           US Dollar
HCPY *
HCPY *   41D/AVAILABLE WITH.. BY.. NAME/ADDR
HCPY *            ADVISING BANK
HCPY *            BY NEGOTIATION
HCPY *   42C/DRAFTS AT...
HCPY *            SIGHT FOR 100PCT OF INVOICE VALUE
HCPY *   42A/DRAWEE -
HCPY *            COMMCNSHBJG
HCPY *                                                          BANK OF COMMUNICATIONS
HCPY *                                                          BEIJING
HCPY *                                                          (BEIJING BRANCH)
```

```
****** MESSAGE HARDCOPY ******                    JAN-30-2016 16:21    page no :3056
Status  : DISPOSED TO THE TBVQ
Station : 4                        BEGINNING OF MESSAGE
--------------------------------------------------------------------------------
HCPY *  43P/PARTIAL SHIPMENTS
HCPY *      NOT ALLOWED
HCPY *  43T/TRANSHIPMENT
HCPY *      NOT ALLOWED
HCPY *  44A/ON BOARD
HCPY *       NEW YORK SEAPORT
HCPY *  44B/FOR TRANSPORTATION TO
HCPY *       XINGANG, CHINA
HCPY *  44C/LATEST DATE OF SHIPMENT
HCPY *       010430
HCPY *                                                  APR-30-2016
HCPY *  45A/DESCP OF GOODS AND/OR SERVICES
HCPY *       30 SETS OF JOHN WILLIAMS MODEL-390 MOWER
HCPY *       TOTAL VALUE: USD100,500.-
HCPY *       PRICE TERM: CIF XINGANG, CHINA
HCPY *       PACKING: IN CONTAINER(S)
HCPY *  46A/DOCUMENTS REQUIRED
HCPY *       +1.SIGNED COMMERCIAL INVOICE IN 3 ORIGINALS AND 3 COPIES
HCPY *       INDICATING L/C NO. AND CONTRACT NO. CN0104.
HCPY *       (PHOTO COPY AND CARBON COPY NOT ACCEPTABLE AS ORIGINAL)
HCPY *       +2.FULL SET (INCLUDING 3 ORIGINALS AND 3 NON-NEGOTIABLE COPIES)
HCPY *       OF CLEAN ON BOARD OCEAN BILLS OF LADING MADE OUT TO ORDER AND
HCPY *       BLANK ENDORSED, MARKED "FREIGHT PREPAID" AND NOTIFYING
HCPY *       APPLICANT.
HCPY *       +3.FULL SET (INCLUDING 1 ORIGINALS AND 2 COPIES) OF INSURANCE
HCPY *       POLICY/CERTIFICATE FOR 110% OF THE INVOICE VALUE SHOWING
HCPY *       CLAIMS PAYABLE IN CHINA IN CURRENCY OF THE DRAFT, BLANK ENDORSED
HCPY *       COVERING ALL RISKS AND WAR RISKS.
HCPY *       +4.PACKING LIST/WEIGHT MEMO IN 3 ORIGINALS AND 3 COPIES ISSUED BY
HCPY *       MANUFACTURER INDICATING WEIGHT, INVOICE NO. AND DATE.
HCPY *       +5.CERTIFICATE OF QUANTITY OF SHIPPED GOODS AS WELL AS
HCPY *       THE PACKING CONDITIONS.
HCPY *       +6.CERTIFICATE OF QUALITY IN 3 ORIGINALS AND 3 COPIES ISSUED BY
HCPY *       MANUFACTURER.
HCPY *       +7.CERTIFICATE OF ORIGIN IN 1 ORIGINAL AND 2 COPIES ISSUED BY INTL
HCPY *       CHAMBER OF COMMERCE IN USA .
HCPY *       +8.BENEFICIARY'S CERTIFIED COPY OF FAX DISPATCHED TO APPLICANT
HCPY *       WITHIN 48 HOURS AFTER SHIPMENT ADVISING NAME OF VESSEL, DATE,
HCPY *       QUANTITY, WEIGHT AND VALUE OF SHIPMENT.
HCPY *       +9.BENEFICIARY'S CERTIFICATE CERTIFYING THAT ONE SET OF COPY OF DOCUMENTS
HCPY *       HAS BEEN SENT TO APPLICANT BY EXPRESS MAIL WITHIN 15 DAYS AFTER SHIPMENT.
HCPY *  47A/ADDITIONAL CONDITIONS
HCPY *       +1.A USD50.00(OR EQUIVALENT) FEE SHOULD BE DEDUCTED FROM THE
```

```
****** MESSAGE HARDCOPY ******                    JAN-30-2016 16:21    page no :3057
Status   : DISPOSED TO THE TBVQ
Station  : 4                        BEGINNING OF MESSAGE
------------------------------------------------------------------------------------------
HCPY *          REIMBURSEMENT CLAIM FOR EACH PRESENTATION FO DISCREPANT
HCPY *          DOCUMENTS UNDER THIS DOCUMENTARY CREDIT. NOTWITHSTANDING ANY
HCPY *          INSTRUCTION TO THE CONTRARY, THIS CHARGE SHALL BE FOR THE
HCPY *          ACCOUNT OF BENEFICIARY.
HCPY *          +2.A COPY OF COMMERCIAL INVOICE AND B/L SHOULD BE PRESENTED
HCPY *          FOR ISSUING BANK'S FILE.
HCPY *          +3.APPLICANT ADDRESS: NO.10 FUCHENGMEN AVE. BEIJING, 100037,CHINA
HCPY *           TEL: 86 10 686832, FAX: 86 10 686833
HCPY *     71B/CHARGES
HCPY *           ALL BANKING CHARGES OUTSIDE
HCPY *           THE ISSUING BANK ARE FOR THE BENEFICIARY'S ACCOUNT.
HCPY *     48   /PERIOD FOR PRESENTATION
HCPY *           DOCUMENTS MUST BE PRESENTED WITHIN
HCPY *           15 DAYS AFTER THE DATE OF SHIPMENT
HCPY *           BUT WITHIN THE VALIDITY OF THIS CREDIT.
HCPY *     49   /CONFIRMATION INSTRUCTIONS
HCPY *           WITHOUT
HCPY *     78   /INSTRUC TO PAY/ACCPT/NEGO BNK
HCPY *          +1.ALL DOCUMENTS TO BE FORWARDED IN ONE COVER BY DHL.
HCPY *           (ADDRESS: NO.33, JINRONG STREET, XICHENG DISTRICT,
HCPY *           BEIJING 100032, CHINA)
HCPY *           +2.THE AMOUNT OF EACH DRAWING UNDER THIS CREDIT MUST BE
HCPY *           ENDORSED BY THE NEGOTIATING BANK ON THE REVERSE OF THE
HCPY *           ADVICE OF THIS MESSAGE.
HCPY *           +3.UPON RECEIPT OF THE DOCUMENTS AND DRAFT(S) IN STRICT
HCPY *           COMPLIANCE WITH THE TERMS AND CONDITIONS OF THIS CREDIT,
HCPY *           WE SHALL REIMBURSE THE NEGOTIATING BANK AS INSTRUCTED.
HCPY *           +4.THIS CREDIT IS SUBJECT TO UNIFORM CUSTOMS AND PRACTICE
HCPY *           FOR DOCUMENTARY CREDIT 1993 VERSION.
HCPY *     72   /SENDER TO RECEIVER INFORMATION
HCPY *          +1.PLS DELIVER THE ORIGINAL CREDIT ONLY UPON RECEIPT BY YOU
HCPY *          OF YOUR ADVISING CHARGES AND COMMISSIONS FROM BENEFICIARY.
HCPY *          +2.PLS ADVISE BENEFICIARY OF THIS CREDIT ASAP.
```

补充资料：

（1）发票号码：CN0104

（2）运输标志（唛头）：　　C N 0 1 0 4

XINGANG,CHINA

（3）承运人：CSC CONTAINER LINES As Agent CSC AMERICA SHIPPING AGENCIES COMPANY

根据合同及信用证资料制作以下单据。

1．开证申请书

IRREVOCABLE DOCUMENTARY CREDIT APPLICATION

TO: BANK OF COMMUNICATIONS, BEIJING BRANCH

<table>
<tr><td>Applicant & Address</td><td>Contract No. :</td><td>Irrevocable Documentary Credit
Expected Issuing Date:
Date and Place of Expiry:</td><td>(by Bank)L/C No. :
Issuing date:</td></tr>
<tr><td colspan="2"></td><td colspan="2">Beneficiary & Address</td></tr>
<tr><td colspan="2">☐Issued by express mail
☐Issued by express mail with brief advice by teletransmission
☐Issued by teletransmission (the operative instrument)</td><td colspan="2">Amount in figures and words</td></tr>
<tr><td colspan="2">Advising Bank　　ABN BANK, New York (ABNNNNNNNNN)</td><td colspan="2">☐Second Advising Bank</td></tr>
<tr><td colspan="2">☐Negotiation restricted to　☐Advising Bank　☐other bank
☐Transferable with　☐Advising Bank　☐other bank
☐Confirmation　☐not requested　☐requested
☐authorized　if requested by Benef.</td><td colspan="2" rowspan="2">Credit Available with
☐by payment　☐by negotiation　☐by acceptance
☐by deferred payment at __
against the documents detailed herein
☐and　Benef.'s draft(s) for　% of the invoice value
at
drawn on opening bank</td></tr>
<tr><td colspan="2">Partial shipments　☐allowed　☐not allowed
Transhipment　☐allowed　☐not allowed</td></tr>
<tr><td colspan="2">Loading on board from
Not later than
For transportation to</td><td colspan="2">Terms:
☐FAS　☐FOB　☐CFR　☐CIF　☐Other terms</td></tr>
</table>

Documents required : (marked with ×)

1. (　　)Signed Commercial Invoice in3 originals and 3copies indicating L/C No. and Contract No. (photo copy and carbon copy not acceptable as original)

2. (　　)Full set (including 3 originals and 3 non-negotiable copies) of Clean On Board Ocean Bills of Lading made out to order and blank endorsed, marked "Freight (　　) To Collect / (　　) Prepaid" (　　) showing freight amount and notifying applicant

3. (　　) Air Waybills showing "Freight (　　) To Collect / (　　) Prepaid" (　　) indicating freight amount and consigned to

4. (　　) Rail Waybills showing "Freight (　　) To Collect / (　　) Prepaid" (　　) indicating freight amount and consigned to

5. (　　) Memorandum issued by

6. (　　) Full set (including 1 originals and 2 copies) of Insurance Policy / Certificate for 110% of the invoice value showing claims payable in China in currency of the draft, blank endorsed, covering [(　　)Ocean Marine Transportation / (　　)Air Transportation / (　　)Over Land Transportation] All Risks and War Risks.

7. (　　) Packing List / Weight Memo in 3 originals and 3 copies issued by manufacturer indicating weight, invoice No. and date

8. (　　) Certificate of Quantity / Weight in 3 originals and 3 copies issued by manufacturer

9. (　　) Certificate of Quality in 3 originals and 3 copies issued by manufacturer

10. (　　) Certificate of Origin in 1 originals and 2 copies issued by International Chamber of Commerce in USA.

11. (　　) Beneficiary's certified copy of fax dispatched to Applicant within 48 hours after shipment advising (　　)name of vessel / (　　)flight No. / (　　)wagon No., date , quantity, weight and value of shipment.

12. (　　) Beneficiary's Certificate certifying that one set of copy of the above documents has been sent to applicant by express mail within 15 days after shipment.

13. (　　) Beneficiary's Certificate certifying that 1/3 set of original B/L and each copy of shipping documents listed above have been dispatched to Applicant by courier service within 　　 days after shipment, the relevant post receipt required for negotiation.

14. (　　) Other documents, if any:

Description of goods and / or services

Packing:

Additional Instructions: (marked with ×)

1. (　　) All banking charges outside the issuing bank are for the Beneficiary's account.

2. (　　) Documents must be presented within 　　 days after the date of shipment but within the validity of this credit.

3. (　　) Third party as shipper is not acceptable. Short Form/Blank Back B/L is not acceptable.

4. (　　) Third party documents are acceptable.

5. (　　) Both quantity and amount 　　 % more or less are allowed.

6. (　　) Documents issued earlier than this L/C issuing date are not acceptable.

7. (　　) Multimodal Transport Documents are acceptable.

8. (　　) All documents to be forwarded in one cover.

9. (　　) Other terms, if any:

We request you to issue on our behalf and for our account your Irrevocable credit in accordance with the above instructions [marked (X) where appropriate]. This Credit will be subject to the Uniform Customs and Practice for Documentary Credits (1993 Revision No.500 of the international Chamber of Commerce, Paris , France), insofar as they are applicable.

Account No.: 38764 　　　　with Bank of Communications Beijing Branch (name of bank)

Transaction by: 　　　　(Applicant's name, signature of authorized person)

Tel. No. 　　　　(with seal)

2. 商业发票

John Williams Agricultural Machinery Co., LTD

No.75 Coastal Road, Forest District, New York, NY10000, USA
Tel/Fax: +1-221-4881300

INVOICE ORIGINAL

No.
Date:

Messrs:

Item No.	Commodity & Specifications	Unit	Qnty.	Unit Price	Amount

Total Value

Packing:
Shipment From To

3. 装箱单

John Williams Agricultural Machinery Co., LTD

No.75 Coastal Road, Forest District, New York, NY10000, USA

Tel/Fax: +1-221-4881300

PACKING LIST

ORIGINAL

No.

Date:

The Buyer:

Invoice No./Date :

Description	Quantity	N.W. kg	G.W. kg	Measurement m^3

Packing:

Shipment From **To**

4. 保险单

THE xxx INSURANCE COMPANY

INSURANCE POLICY

POLICY NO. 20160627

THIS POLICY OF INSURANCE WITNESS THAT THE XXX INSURANCE COMPANY (HEREAFTER CALLED "THE COMPANY") AT THE REQUEST OF

____

(HEREINAFTER CALLED "THE INSURED") AND IN CONSIDERATION OF THE AGREED PREMIUM PAID TO THE COMPANY BY THE INSURED UNDERTAKES TO INSURE THE UNDER MENTIONED GOODS IN TRANSPORTATION SUBJECT TO THE CONDITIONS OF THIS POLICY AS PER THE CLAUSES PRINTED OVERLEAF AND OTHER SPECIAL CLAUSES ATTACHED HEREOF.

MARKS & NOS	QUANTITY OF PACKAGES	DESCRIPTION OF GOODS	AMOUNT INSURED

TOTAL AMOUNT INSURED: ______________________________

PREMIUM______________________ RATE_______

PER CONVEYANCE S.S.____________________

SLG ON OR ABT ______________ FROM ____________________ TO__________

CONDITIONS : ______________________________

CLAIMS IF ANY PAYABLE ON SURRENDER OF THIS POLICY TOGETHER WITH OTHER RELEVANT DOCUMENTS IN THE EVENT OF ACCIDENT WHEREBY LOSS OR DAMAGE MAY RESULT IN A CLAIM UNDER THIS POLICY IMMEDIATE NOTICE APPLYING FOR SURVEY MUST BE GIVEN TO THE COMPANY'S AGENT AS MENTIONED HEREUNDER.

AGENT'S NAME AND ADDRESS: …….

CLAIM PAYABLE AT

DATE OF ISSUE:

PLACE OF ISSUE:

5．原产地证明

<table>
<tr><td colspan="2">1．Consignor</td><td colspan="4" rowspan="2">Certificate No. 0408

**CERTIFICATE OF ORIGIN
OF
THE UNITED STATES OF AMERICA**</td></tr>
<tr><td colspan="2">2．Consignee</td></tr>
<tr><td colspan="2">3．Means of transport and route</td><td colspan="4" rowspan="2">5．For certifying authority use only</td></tr>
<tr><td colspan="2">4．Country/ region of destination</td></tr>
<tr><td>6．Marks and numbers</td><td>7．Number and kind of packages, description of goods</td><td>8．H.S.Code</td><td>9．Qnty</td><td colspan="2">10．Number and date of invoices</td></tr>
<tr><td colspan="2">11．Declaration by the exporter
The undersigned hereby declares that the above details and statements are correct, that all the goods were produced in USA and that they comply with the Rules of Origin of the United States of America.

……………………………………………..
Place and date, signature and stamp of authorized signatory</td><td colspan="4">12．Certification
It is hereby certified that the declaration by the exporter is correct.

……………………………………………..
Place and date, signature and stamp of certifying authority</td></tr>
</table>

6．提单

Booking No. :	TPH932621	B/L NO.	CSU5849

1. Shipper Insert Name, Address and Phone

2. Consignee Insert Name, Address and Phone

3. Notify Party Insert Name, Address and Phone
(it is agreed that no responsibility shall attach to the Carrier or his agents for failure to notify)

4. Combined Transport *Pre-carriage by	**5. Combined Transport *Place of Receipt**
6. Ocean Vessel Voy.No	**7. Port of Loading**

CSC CONTAINER LINES

TLX: 33057 CSC CN
FAX: +86(021) 6545 8984

ORIGINAL
Port-to-Port or Combined Transport
BILL OF LADING

RECEIVED in external apparent good order and condition except as otherwise noted. The total number of packages or units stuffed in the container, the description of the goods and the weights shown in the Bill of Lading are furnished by the Merchants, and which the carrier has no reasonable means of checking and is not a part of this Bill of Lading contract. The carrier has issued the number of Bills of Lading stated below, all of this tenor and date, one of the original Bill of Lading must be surrendered and endorsed or signed against the delivery of the shipment and whereupon any other original Bills of Lading shall be void. The Merchants agree to be bound by the terms and conditions of this Bill of Lading as if each had personally signed this Bill of Lading.
SEE clause 4 on the back of this Bill of Lading (Terms continued on the back hereof, please read carefully)

*Applicable Only When Document Used as a Combined Transport Bill of Lading

8. Port of Discharge	**9. Combined Transport* Place of Delivery**

Marks & Nos. Container .Seal No.	No. of containers or Packages	Description of Goods (If Dangerous Goods, See Clause20)	Gross Weight kgs	Measurement
	Description of Contents for Shipper's Use Only (Not part of This B/L Contract)		Shippers load stow and count	

10. Total Number of containers and /or packages (in words)
Subject to clause 7 Limitation

11. Freight & Charges	Revenue tons	Rate	Per	Prepaid	Collect
Declared Value Charge					

Ex.Rate:	Prepaid at	Payable at	Place and date of Issue
	Total Prepaid	No. of Original B(s)/L	Signed for the Carrier,

LADEN ON BOARD THE VESSEL

DATE

7．发送装运通知的装船证明

John Williams Agricultural Machinery Co., LTD

No.75 Coastal Road, Forest District, New York, NY10000, USA

Tel/Fax: +1-221-4881300

Fax : +86-10-686833 To: China ABC Trade Corp. Attn.: Mr. XXX	From : XXX Dept: Sales Dept. Date: 02/05/01

CERTIFIED COPY OF FAX

Dear Sirs,

8. 厂方出具的数量证明

John Williams Agricultural Machinery Co., LTD

No.75 Coastal Road, Forest District, New York, NY10000, USA
Tel/Fax: +1-221-4881300

CERTIFICATE OF QUANTITY
Date:

9. 厂方出据的质量证明

John Williams Agricultural Machinery Co., LTD

No.75 Coastal Road, Forest District, New York, NY10000, USA

Tel/Fax: +1-221-4881300

CERTIFICATE OF QUALITY

Date:

10. 副本单据寄送证明

John Williams Agricultural Machinery Co., LTD

No.75 Coastal Road, Forest District, New York, NY10000, USA
Tel/Fax: +1-221-4881300

CERTIFICATE
Date:

11. 汇票

第一份：

No.__________ New York,

Exchange for

At of this FIRST of Exchange (Second of the same tenor and date unpaid) pay to the order of the sum of

Drawn under

L/C No.

To

John Williams Agricultural Machinery Co. Ltd

No. 75 Coastal Road, New York, NY10000

USA

第二份：

No.__________ New York,

Exchange for

At of this FIRST of Exchange (Second of the same tenor and date unpaid) pay to the order of the sum of

Drawn under

L/C No.

To

John Williams Agricultural Machinery Co. Ltd

No. 75 Coastal Road, New York, NY10000

USA

第 11 章　课后实训项目答案

1．开证申请书

IRREVOCABLE DOCUMENTARY CREDIT APPLICATION
TO: BANK OF COMMUNICATIONS, BEIJING BRANCH

Applicant & Address　Contract No. :　CN0104 China ABC Trade Corp. No.10 Fuchengmen Ave., Beijing 100037, China Tel:　86 10 686832 Fax:　86 10 686833	Irrevocable Documentary Credit　(by Bank)L/C No. : Expected Issuing Date: Jan.30,2016　Issuing date: Date and Place of Expiry:　May15,2016 in USA Beneficiary & Address John Williams Agricultural Machinery Co., ltd No.75 Coastal Road, New York, NY 10000, USA Tel/Fax: 1-221-4881300
☐Issued by express mail ☐Issued by express mail with brief advice by teletransmission ☒Issued by teletransmission (the operative instrument)	Amount in figures and words USD100,500.- Say US Dollar one hundred thousand five hundred only.
Advising Bank　ABN BANK, New York (ABNNNNNNNNN)	☐Second Advising Bank
☐Negotiation restricted to　☒Advising Bank　☐other bank ☐Transferable with　☐Advising Bank　☐other bank ☐Confirmation　☐not requested　☐requested ☐authorized　if requested by Benef.	Credit Available with ☐by payment　☒by negotiation　☐by acceptance ☐by deferred payment at __ against the documents detailed herein
Partial shipments　☐allowed　☐not allowed Transhipment　☐allowed　☐not allowed	☒and Benef.'s draft(s) for 100% of the invoice value at sight drawn on opening bank
Loading on board from New York Seaport, USA Not later than April 30, 2016 For transportation to: Xingang, China	Terms: ☐FAS　☐FOB　☐CFR　☒CIF　☐Other terms

Documents required : (marked with ×)

1.（ ×)Signed Commercial Invoice in3 originals and 3copies indicating L/C No. and Contract No. (photo copy and carbon copy not acceptable as original)

2.（ ×)Full set (including 3 originals and 3 non-negotiable copies) of Clean On Board Ocean Bills of Lading made out to order and blank endorsed, marked "Freight （　）To Collect /（ × ）Prepaid"（　）showing freight amount and notifying applicant

3.（　）Air Waybills showing "Freight（　）To Collect /（　）Prepaid"（　）indicating freight amount and consigned to

4.（　）Rail Waybills showing "Freight（　）To Collect /（　）Prepaid"（　）indicating freight amount and consigned to

5.（　）Memorandum issued by

6.（ × ）Full set (including 1 originals and 2 copies) of Insurance Policy / Certificate for 110 % of the invoice value showing claims payable in China in currency of the draft, blank endorsed, covering [（ ×)Ocean Marine Transportation /（　）Air Transportation /（　)Over Land Transportation] All Risks and War Risks.

7.（ × ）Packing List / Weight Memo in 3 originals and 3 copies issued by manufacturer indicating weight, invoice No. and date

8.（ × ）Certificate of Quantity / Weight in 3 originals and 3 copies issued by manufacturer

9.（ × ）Certificate of Quality in 3 originals and 3 copies issued by manufacturer

10.（ × ）Certificate of Origin in 1 originals and 2 copies issued by International Chamber of Commerce in USA.

11.（ × ）Beneficiary's certified copy of fax dispatched to Applicant within 48 hours after shipment advising（ ×)name of vessel /（　)flight No. /（　)wagon No., date, quantity, weight and value of shipment.

12.（ × ）Beneficiary's Certificate certifying that one set of copy of the above documents has been sent to applicant by express mail within 15 days after shipment.

13.（　）Beneficiary's Certificate certifying that 1/3 set of original B/L and each copy of shipping documents listed above have been dispatched to Applicant by courier service within days after shipment, the relevant post receipt required for negotiation.

14.（　）Other documents, if any:

Description of goods and / or services

30 sets of John Williams Model-390 Mower

Packing: in Container(s)

Additional Instructions: (marked with ×)

1.（ × ）All banking charges outside the issuing bank are for the Beneficiary's account.

2.（ × ）Documents must be presented within 15 days after the date of shipment but within the validity of this credit.

3.（　）Third party as shipper is not acceptable. Short Form/Blank Back B/L is not acceptable.

4.（　）Third party documents are acceptable.

5.（　）Both quantity and amount　　　% more or less are allowed.

6.（　）Documents issued earlier than this L/C issuing date are not acceptable.

7.（　）Multimodal Transport Documents are acceptable.

8.（ × ）All documents to be forwarded in one cover.

9.（　）Other terms, if any:

We request you to issue on our behalf and for our account your Irrevocable credit in accordance with the above instructions [marked（ × ）where appropriate]. This Credit will be subject to the Uniform Customs and Practice for Documentary Credits (1993 Revision No.500 of the international Chamber of Commerce, Paris , France), insofar as they are applicable.

Account No.:　38764　　　　with Bank of Communications Beijing Branch (name of bank)

Transacted by:　　　　(Applicant's name, signature of authorized person)

Tel. No.　　　　(with seal)

2. 商业发票

John Williams Agricultural Machinery Co., LTD

No.75 Coastal Road, Forest District, New York, NY10000, USA
Tel/Fax: +1-221-4881300

INVOICE

ORIGINAL

No. CN0104
Date: 30/04/16

Messrs:
China ABC Trade Corp.
No.10 Fuchengmen Ave., Beijing 100037, China
Tel: +86-10-686832, 686832
Fax: +86-10-686833

Contract No. : CN0104
LC No.: LCC0201602526

Item No.	Commodity & Specifications	Unit	Qnty.	Unit Price	Amount
1.	30 sets of John Williams Model-390 Mower	set	30	USD3350. - **CIF Xingang,China**	USD100, 500. -

Total Value **USD100,500.-**
SAY US DOLLAR ONE HUNDRED THOUSAND FIVE HUNDRED ONLY.

Packing: In Container(s)
Shipment From New York Seaport To Xingang, China

3. 装箱单

John Williams Agricultural Machinery Co., LTD

No.75 Coastal Road, Forest District, New York, NY10000, USA

Tel/Fax: +1-221-4881300

PACKING LIST

ORIGINAL

No. CN0104-P
Date: 30/04/16

The Buyer: China ABC Trade Corp.
No.10 Fuchengmen Ave., Beijing 100037, China
Tel: +86-10-686832, 686832
Fax: +86-10-686833

Contract No. : CN0104
LC No.: LCC0201602526
Invoice No./Date : CN0104 on 30/04/01

Description	Quantity	N.W. kg	G.W. kg	Measurement m^3
30 SETS OF JOHN WILLIAMS MODEL-390 MOWER	30SETS	5,000	6,000	8.352
IN 1X20FT CONTAINER				

Packing: In 1X20FT CONTAINER
Shipment From New York Seaport To Xingang, China

4．保险单

THE xxx INSURANCE COMPANY

INSURANCE POLICY
POLICY NO. 20160627

THIS POLICY OF INSURANCE WITNESS THAT THE XXX INSURANCE COMPANY (HEREAFTER CALLED "THE COMPANY") AT THE REQUEST OF JOHN WILLIAMS AGRICULTURAL MACHINERY CO., LTD (HEREINAFTER CALLED "THE INSURED") AND IN CONSIDERATION OF THE AGREED PREMIUM PAID TO THE COMPANY BY THE INSURED UNDERTAKES TO INSURE THE UNDER MENTIONED GOODS IN TRANSPORTATION SUBJECT TO THE CONDITIONS OF THIS POLICY AS PER THE CLAUSES PRINTED OVERLEAF AND OTHER SPECIAL CLAUSES ATTACHED HEREOF.

MARKS & NOS	QUANTITY OF PACKAGES	DESCRIPTION OF GOODS	AMOUNT INSURED
CN0104 XINGANG, CHINA CBHU 0967-SN5226	1X20FT CONTAINER	30 SETS OF JOHN WILLIAMS 390-MODEL MOWER	110% X USD100,500.-

TOTAL AMOUNT INSURED: ***USD110,550.-***
PREMIUM ***AS ARRANGED*** RATE ***AS ARRANGED***
PER CONVEYANCE S.S. ***OCEAN VESSEL SONG HE VOY. NO. 068E***
SLG ON OR ABT ***01/05/01*** FROM ***NEW YORK SEAPORT*** TO ***XINGANG, CHINA***
CONDITIONS : ***ALL RISKS AND WAR RISKS.***

CLAIMS IF ANY PAYABLE ON SURRENDER OF THIS POLICY TOGETHER WITH OTHER RELEVANT DOCUMENTS IN THE EVENT OF ACCIDENT WHEREBY LOSS OR DAMAGE MAY RESULT IN A CLAIM UNDER THIS POLICY IMMEDIATE NOTICE APPLYING FOR SURVEY MUST BE GIVEN TO THE COMPANY'S AGENT AS MENTIONED HEREUNDER.

AGENT'S NAME AND ADDRESS: ....

CLAIM PAYABLE AT ***CHINA*** IN ***USD***
DATE OF ISSUE: ***30/04/16***
PLACE OF ISSUE: ***NY, USA***
***CONTRACT NO. CN0104
LC NO.: LCC0201602526

5．原产地证

<table>
<tr><td>1．Consignor
JOHN WILLIAMS AGRICULTURAL MACHINERY CO., LTD NO.75 COASTAL ROAD, FOREST DISTRICT, NEW YORK, NY10000, USA TEL/FAX: 1-221-4881300</td><td rowspan="2">Certificate No. 0408

**CERTIFICATE OF ORIGIN
OF
THE UNITED STATES OF AMERICA**</td></tr>
<tr><td>2．Consignee
TO THE ORDER OF BANK OF COMMUNICATIONS BEIJING</td></tr>
<tr><td>3．Means of transport and route
SHIPMENT FROM NEW YORK SEAPORT TO XINGANG, CHINA VIA OCEAN TRANSPORTATION</td><td rowspan="2">5．For certifying authority use only</td></tr>
<tr><td>4．Country/ region of destination
XINGANG, CHINA</td></tr>
</table>

6．Marks and numbers	7．Number and kind of packages, description of goods	8．H.S.Code	9．Qnty	10．Number and date of invoices
CN0104 XINGANG, CHINA	**30 SETS OF JOHN WILLIAMS 390-MODEL MOWER** **CONTRACT NO. CN0104** **L/C NO. LCC0201602526** **STATING THAT GOODS ARE OF US ORIGIN** **IN 1X20FT CONTAINER ONLY.**	**8433.2000**	**30SETS**	**CN0104** **April. 30,2016**

11．Declaration by the exporter	12．Certification
The undersigned hereby declares that the above details and statements are correct, that all the goods were produced in USA and that they comply with the Rules of Origin of the United States of America. …………………………………………………….. Place and date, signature and stamp of authorized signatory	It is hereby certified that the declaration by the exporter is correct. …………………………………………………… Place and date, signature and stamp of certifying authority

6. 海运提单

<table>
<tr><td colspan="3">Booking No. : TPH932621</td><td colspan="3">B/L NO. CSU5849</td></tr>
<tr><td colspan="3">1. Shipper Insert Name, Address and Phone
JOHN WILLIAMS AGRICULTURAL MACHINERY CO.,LTD
NO.75 COASTAL ROAD, FOREST DISTRICT, NEW YORK,
NY10000, USA TEL/FAX: 1-221-4881300</td><td colspan="3" rowspan="5">CSC CONTAINER LINES
CSC TLX: 33057 CSC CN
FAX: +86(021) 6545 8984
ORIGINAL
Port-to-Port or Combined Transport
BILL OF LADING
RECEIVED in external apparent good order and condition except as otherwise noted. The total number of packages or units stuffed in the container, the description of the goods and the weights shown in the Bill of Lading are furnished by the Merchants, and which the carrier has no reasonable means of checking and is not a part of this Bill of Lading contract. The carrier has issued the number of Bills of Lading stated below, all of this tenor and date, one of the original Bill of Lading must be surrendered and endorsed or signed against the delivery of the shipment and whereupon any other original Bills of Lading shall be void. The Merchants agree to be bound by the terms and conditions of this Bill of Lading as if each had personally signed this Bill of Lading.
SEE clause 4 on the back of this Bill of Lading (Terms continued on the back hereof, please read carefully)
*Applicable Only When Document Used as a Combined Transport Bill of Lading</td></tr>
<tr><td colspan="3">2. Consignee Insert Name, Address and Phone
TO ORDER</td></tr>
<tr><td colspan="3">3. Notify Party Insert Name, Address and Phone
(it is agreed that no responsibility shall attach to the Carrier or his agents for failure to notify)
CHINA ABC TRADE CORPORATION
NO.10 FUCHENGMEN AVE.BEIJING,100037,CHINA
TEL:8610 68683233 FAX: 8610 68683333</td></tr>
<tr><td colspan="2">4. Combined Transport
*Pre-carriage by</td><td>5. Combined Transport
*Place of Receipt</td></tr>
<tr><td colspan="2">6. Ocean Vessel Voy.No
SONG HE 068E</td><td>7. Port of Loading CY
NEW YORK SEAPORT</td></tr>
<tr><td colspan="2">8. Port of Discharge
XINGANG, CHINA CY</td><td colspan="4">9. Combined Transport* Place of Delivery</td></tr>
<tr><td>Marks & Nos.
Container .Seal No.
CN0104
XINGANG,CHINA
CBHU 0967-SN5226
FCL / FCL
SHIPPERS LOAD
STOW COUNT AND
SEAL</td><td>No. of containers or Packages
1X20FT
CONTAINER</td><td colspan="2">Description of Goods (If Dangerous Goods, See Clause20)
30 SETS OF JOHN WILLIAMS
MODEL-390 MOWER
CIF XINGANG, CHINA
CONTRACT NO. CN0104
LC NO.: LCC0201602526
FREIGHT PREPAID
CLEAN SHIPPED ON BOARD ON
APRIL 30,2016</td><td>Gross Weight kgs
6,000</td><td>Measurement</td></tr>
<tr><td></td><td colspan="3">Description of Contents for Shipper's Use Only (Not part of This B/L Contract)</td><td colspan="2">Shippers load stow and count</td></tr>
<tr><td colspan="6">10. Total Number of containers and /or packages (in words)
Subject to clause 7 Limitation ONE</td></tr>
<tr><td colspan="2">11. Freight & Charges
FREIGHT ALL AS ARRANGED
Declared Value Charge</td><td>Revenue tons</td><td>Rate / Per</td><td>Prepaid</td><td>Collect</td></tr>
<tr><td rowspan="2">Ex.Rate:</td><td>Prepaid at NEW YORK</td><td>Payable at</td><td colspan="3">Place and date of Issue NEW YORK, 30/04/01</td></tr>
<tr><td>Total Prepaid</td><td>No. of Original B(s)/L THREE (3)</td><td colspan="3">Signed for the Carrier, CSC CONTAINER LINES As Agent CSC AMERICA SHIPPING AGENCIES COMPANY</td></tr>
<tr><td colspan="2">LADEN ON BOARD THE VESSEL
DATE</td><td colspan="4">SONG HE 068E NEW YORK
30/04/16</td></tr>
</table>

7．发送传真的装运通知证明

John Williams Agricultural Machinery Co., LTD

No.75 Coastal Road, Forest District, New York, NY10000, USA

Tel/Fax: +1-221-4881300

Fax : +86-10-686833 To: China ABC Trade Corp. Attn.: Mr. XXX	From : XXX Dept: Sales Dept. Date: 02/05/01

CERTIFIED COPY OF FAX

Dear Sirs,

We are pleased to inform you the details of our shipment as follows:

Contract No. : CN0104

LC No.: LCC0201602526

Invoice No./Date : CN0104 on 30/04/16

Shipment date: 30/04/16

Vessel name: SONG HE

Goods: 30 sets of John Williams Model-390 Mower

Quantity: 30 sets

Gross Weight:　6,000 kg

Value of shipment: USD100,500.-

B/L No.: CSU5849

Packing: in 1X20FT container.

Thanks and best regards,

Yours faithfully,

XXX

8. 厂商出具的数量证明

John Williams Agricultural Machinery Co., LTD

No.75 Coastal Road, Forest District, New York, NY10000, USA
Tel/Fax: +1-221-4881300

CERTIFICATE OF QUANTITY

Date: 30/04/16

The Buyer: China ABC Trade Corp.
No.10 Fuchengmen Ave., Beijing 100037, China
Tel: +86-10-686832, 686832
Fax: +86-10-686833

Contract No. : CN0104
LC No.: LCC0201602526
Invoice No./Date : CN0104 on 30/04/16

We are now certifying that the quantity of our shipment is 30 SETS of John Williams Model-390 Mower, which conforms to the requirement of the above-mentioned L/C and contract.

9．厂商出具的质量证明

John Williams Agricultural Machinery Co., LTD

No.75 Coastal Road, Forest District, New York, NY10000, USA

Tel/Fax: +1-221-4881300

CERTIFICATE OF QUALITY

Date: 30/04/16

The Buyer: China ABC Trade Corp.

No.10 Fuchengmen Ave., Beijing 100037, China

Tel: +86-10-686832, 686832

Fax: +86-10-686833

Contract No. : CN0104

LC No.: LCC0201602526

Invoice No./Date : CN0104 on 30/04/16

We are now certifying that the quality of our shipment of 30 SETS of John Williams Model-390 Mower, conforms to the quality requirement in the above contract. And our quality standard is in accordance with international standard XXXXX .

10. 副本单据寄送证明

John Williams Agricultural Machinery Co., LTD

No.75 Coastal Road, Forest District, New York, NY10000, USA
Tel/Fax: +1-221-4881300

CERTIFICATE
Date: 08/05/16

The Buyer: China ABC Trade Corp.
No.10 Fuchengmen Ave., Beijing 100037, China
Tel: +86-10-686832, 686832
Fax: +86-10-686833

Contract No. : CN0104
LC No.: LCC0201602526
Invoice No./Date : CN0104 on 30/04/16

We are now certifying that ONE SET OF COPY OF DOCUMENTS HAS BEEN SENT TO APPLICANT BY EXPRESS MAIL WITHIN 15 DAYS AFTER SHIPMENT.

11. 汇票

第一份：

No. JW0104　　　　New York, April 30, 2016

Exchange for USD100,500.00

At Sight of this FIRST of Exchange (Second of the same tenor and date unpaid) pay to the order of ABN BANK, NEW YORK (NEW YORK BRANCH) the sum of US DOLLAR ONE HUNDRED THOUSAND FIVE HUNDRED ONLY

Drawn under BANK OF COMMUNICATIONS BEIJING (BEIJING BRANCH)

L/C No. LCC0201602526

CONTRACT NO. CN0104

To BANK OF COMMUNICATIONS
BEIJING
(BEIJING BRANCH)

John Williams Agricultural Machinery Co. Ltd
No. 75 Coastal Road, New York, NY10000
USA

第二份：

No. JW0104　　　　New York, April 30, 2016

Exchange for USD100,500.00

At Sight of this SECOND of Exchange (First of the same tenor and date unpaid) pay to the order of ABN BANK, NEW YORK (NEW YORK BRANCH) the sum of US DOLLAR ONE HUNDRED THOUSAND FIVE HUNDRED ONLY

Drawn under BANK OF COMMUNICATIONS BEIJING (BEIJING BRANCH)

L/C No. LCC0201602526

CONTRACT NO. CN0104

To BANK OF COMMUNICATIONS
BEIJING
(BEIJING BRANCH)

John Williams Agricultural Machinery Co. Ltd
No. 75 Coastal Road, New York, NY10000
USA

课后练习答案

第 1 章

一、单项选择题

1．C　2．D　3．B　4．C　5．B　6．C

二、判断题

1．×　2．×　3．×　4．×　5．√　6．√

第 2 章

一、单项选择题

1．A　2．C　3．B　4．A　5．A　6．A

二、判断题

1．√　2．×　3．√　4．×　5．×　6．×

第 3 章

一、单项选择题

1．B　2．A　3．D　4．C　5．C　6．B

二、判断题

1．×　2．×　3．×　4．×　5．×　6．×

第 4 章

一、单项选择题

1．B　2．A　3．D　4．C　5．C　6．B

二、判断题

1．×　2．×　3．×　4．×　5．×　6．×

第 5 章

一、单项选择题

1. B　2. A　3. A　4. C　5. D

二、判断题

1. ×　2. ×　3. ×　4. ×　5. ×

三、答案略

第 6 章

一、单项选择题

1. C　2. B　3. A　4. C　5. D　6. B

二、判断题

1. ×　2. √　3. ×　4. ×　5. ×　6. √

三、单据排序

提示：按照国际惯例，通常提单日期是确定各单据日期的关键，汇票日期应晚于提单、发票等其他单据，但不能晚于 L/C 的有效期。

各单据日期关系如下：

发票日期应在各单据日期之首；

提单日不能超过 L/C 规定的装运期也不得早于 L/C 的最早装运期；

保单的签发日应早于或等于提单日期（一般早于提单两天），不能早于发票；

箱单应等于或迟于发票日期，但必须在提单日之前；

产地证不早于发票日期，不迟于提单日；

商检证日期不晚于提单日期，但也不能过分早于提单日，尤其是鲜货、容易变质的商品；

受益人证明等于或晚于提单日；

装运通知等于或晚于提单日后三天内；

船公司证明等于或早于提单日。

第 7 章

一、单项选择题

1. B　2. D　3. A　4. B　5. A　6. B

二、判断题

1. √　2. √　3. √　4. ×　5. ×　6. ×

参 考 文 献

[1] 全国国际商务单证专业培训考试办公室. 国际商务单证专业培训考试大纲及复习指南[M]. 北京：中国商务出版社，2015.

[2] 广银芳. 外贸单证制作实务[M]. 第 2 版. 北京：清华大学出版社，2014.

[3] 赵劼. 国际商务单证实务[M]. 北京：清华大学出版社，2013.

[4] 余世明. 国际商务单证实务[M]. 第六版. 广东：暨南大学出版社，2010.

[5] 刘伟奇. 国际商务单证实务[M]. 上海：复旦大学出版社，2013.

[6] 凌定成. 国际货物运输实务[M]. 北京：中国海关出版社，2012.

[7] 姚新超. 国际贸易运输与保险[M]. 北京：对外经济贸易大学出版社，2010.

[8] 郑俊田. 海关实务[M]. 北京：北京大学出版社，2015.

[9] 鲁丹萍. 报检实务[M]. 第 2 版. 北京：清华大学出版社，2012.